अर्थव्यवस्था

Capsule

Handwritten Notes

SSC | रेलवे | पुलिस | NDA | CDS | CAPF | शिक्षक भर्ती | राज्य PCS | अन्य सभी

मैरिट बूस्टर नोट्स
स्कोर करें $\frac{100}{100}$ आसानी से

Toppers & Educators द्वारा तैयार
अब पढ़ें वही जो **Exam** में आयेगा

Time Saving एवं Revision के लिए आसान
अब **Exam** हॉल में कुछ नहीं भूलोगे

Multiple Material की अब जरूरत नहीं
एक ही **Book** में मिलेंगे एग्जाम फैक्टस

AF539252

arihant
SUCCESS AND NOTHING LESS

अरिहन्त पब्लिकेशन्स (इण्डिया) लिमिटेड

卐 © प्रकाशक
पुस्तक में प्रकाशित किसी भी सूचना की सत्यता के प्रति तथा इससे होने वाली किसी भी क्षति के लिए प्रकाशक, सम्पादक, लेखक अथवा मुद्रक जिम्मेदार नहीं हैं। *सभी प्रतिवादों का न्यायिक क्षेत्र 'मेरठ' होगा।*

卐 **वाणिज्यिक कार्यालय**
'रामछाया' 4577/15, दरिया गंज, नई दिल्ली– 110002
फोन: 011-47630600, 43518550

卐 **मुख्य कार्यालय**
कालिन्दी, टी०पी० नगर, मेरठ (यूपी)–250002
फोन: 0121-2401479, 2512970, 4004199

卐 **शाखा कार्यालय**
आगरा, अहमदाबाद, बरेली, बंगलुरु, चेन्नई, दिल्ली, गुवाहाटी, हैदराबाद, जयपुर, जालन्धर, झाँसी, कोलकाता, लखनऊ, नागपुर, मेरठ तथा पुणे

卐 **मूल्य : ₹ 95.00**
PO No. : TXT-59-T067795-11-25

'अरिहन्त' की पुस्तकों के बारे में अधिक जानकारी के लिए हमारी वेबसाइट www.arihantbooks.com पर लॉग इन करें या info@arihantbooks.com पर सम्पर्क करें।

Follow us on

अर्थव्यवस्था Capsule

Handwritten Notes

चित्र एवं इन्फोग्राफिक्स

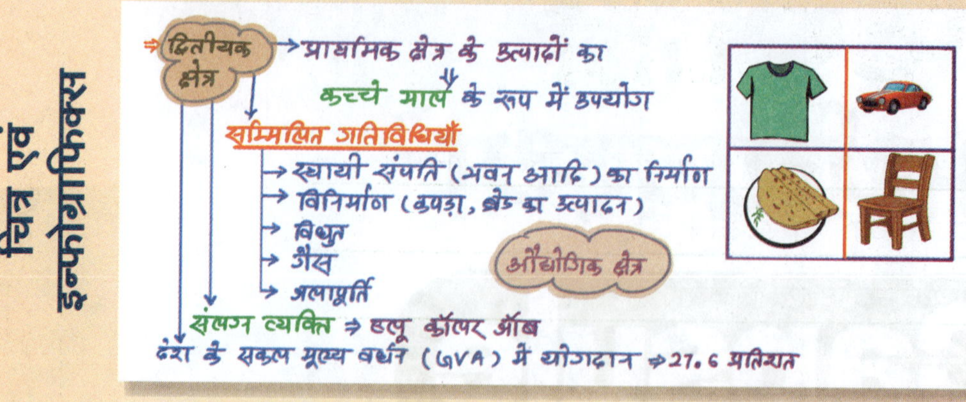

सटीक फैक्ट्स

आर्थिक विकास तथा आर्थिक संवृद्धि में अंतर	
आर्थिक विकास	**आर्थिक संवृद्धि**
① गुणात्मक संकल्पना	• मात्रात्मक संकल्पना
② उत्पादन में वृद्धि के साथ-साथ तकनीकी एवं संस्थागत परिवर्तन भी	• एक स्थिर प्रक्रिया अतः किसी भी प्रकार की नवीनता का सृजन नहीं
③ इसके लिए संरचनात्मक परिवर्तन आवश्यक	• संरचनात्मक परिवर्तन पहले ही पूर्ण अतः केवल उत्पादन में ही वृद्धि
④ उचित नियंत्रण, निर्देशन, मार्गदर्शन से उत्पन्न सृजनात्मक शक्तियों का परिणाम	• नियोजित प्रक्रियाओं का परिणाम
⑤ सामाजिक, सांस्कृतिक, आर्थिक, गुणात्मक एवं परिमाणात्मक सभी परिवर्तनों से संबंधित	• केवल उत्पादन की वृद्धि से संबंधित

एग्जाम हॉल Demand

⇒ व्यक्तिगत व्यय योग्य आय (Disposable Personal Income-DPI)

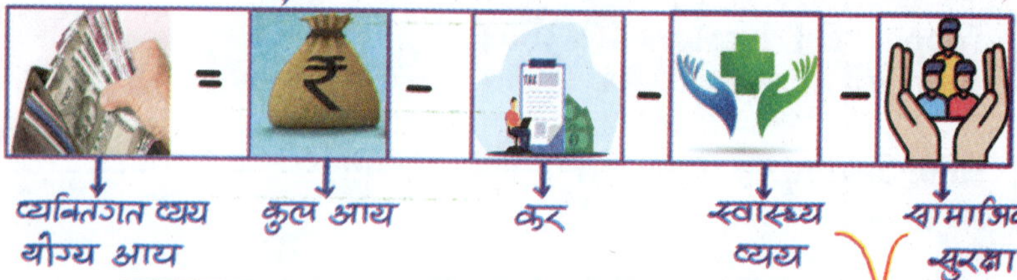

व्यक्तिगत व्यय योग्य आय = कुल आय − कर − स्वास्थ्य व्यय − सामाजिक सुरक्षा

अर्थात्, व्यक्तिगत व्यय योग्य आय = व्यक्तिगत व्यय − व्यक्तिगत प्रत्यक्ष कर

(स्वास्थ्य व्यय, सामाजिक सुरक्षा → अन्य अनिवार्य भुगतान)

मैमोरी बूस्टर्स

⇒ निर्धनता रेखा (Poverty line)

- → आय या उपयोग व्यय का स्तर
- → उपभोग व्यय के आधार पर निर्धनता
  - • यूनिफॉर्म रिकॉल अवधि → उपभोग की खाद्य और गैर-खाद्य वस्तुएँ (विगत 30 दिनों में उपयोग)
  - • मिश्रित रिकॉल अवधि → 30 दिनों में खाद्य पदार्थों का उपयोग और 365 दिनों में गैर-खाद्य पदार्थों का उपयोग

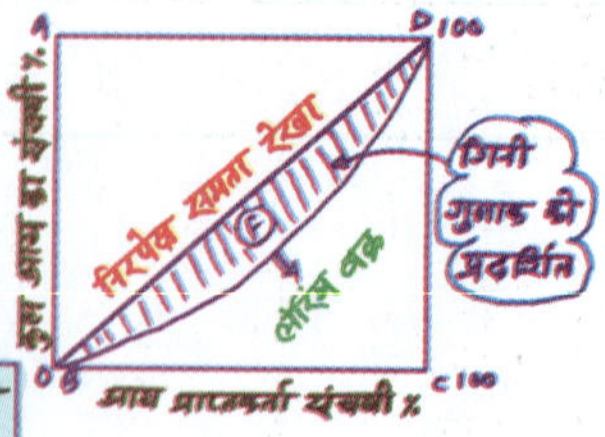

(आरेख: कुल आय का संचयी %; आय प्राप्तकर्ता संचयी %; निरपेक्ष समता रेखा; लॉरेंज वक्र; गिनी गुणांक को प्रदर्शित)

चैप्टर List

नोट्स

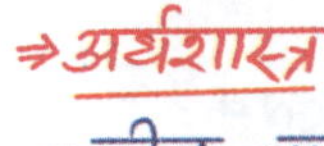

अर्थशास्त्र (माँग एवं आपूर्ति तथा बाजार के स्वरूप)

⇒ अर्थशास्त्र

• ग्रीक भाषा के ओइकोनोमिया (okonomia) शब्द से बना है।

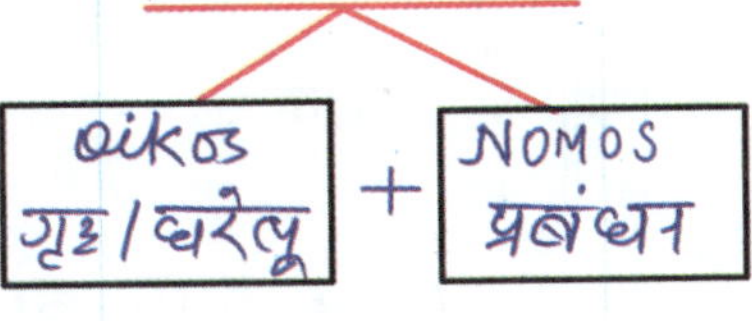

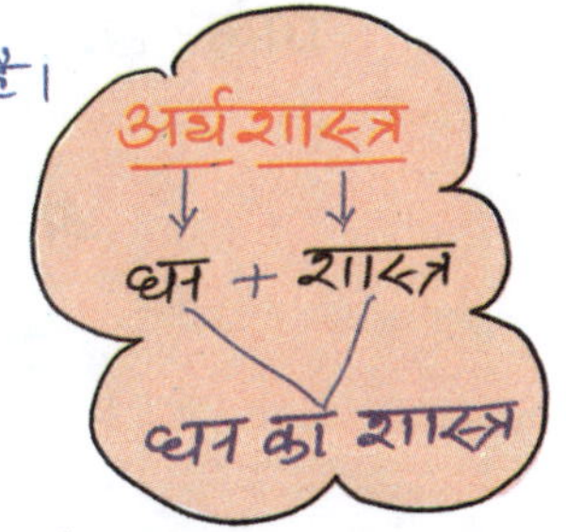

⇒ अर्थशास्त्र के जनक

• एडम स्मिथ (स्कॉटलैंड, ब्रिटेन)

• पुस्तक ⇒ एन इन्क्वायरी इनटू द नेचर एण्ड कॉजेज ऑफ द वेल्थ ऑफ नेशन्स ⇒ 1776 में प्रकाशित

⇒ अर्थशास्त्र के प्रकार / शाखा

→ व्यष्टि अर्थशास्त्र (Micro Economy)

→ समष्टि अर्थशास्त्र (Macro Economy)

⇒ व्यष्टि अर्थशास्त्र

• व्यक्तिगत इकाइयों का अध्ययन

→ व्यक्तिगत फर्म

→ व्यक्तिगत उद्योग

→ व्यक्तिगत बाजार आदि

घटक

→ मांग का सिद्धांत

→ उत्पादन का सिद्धांत

→ कीमत निर्धारण

→ साधन कीमत निर्धारण / वितरण आदि

⇒ समष्टि अर्थशास्त्र

• सम्पूर्ण अर्थव्यवस्था के स्तर पर

आर्थिक क्रियाओं का अध्ययन

→ राष्ट्रीय आय

→ कुल रोजगार

→ सामान्य कीमत स्तर

• घटक

→ राष्ट्रीय आय / उत्पादन

→ बेरोजगारी

→ निर्धनता

→ राजकोषीय नीति, आदि

मांग का नियम (Law of Demand)

⇒ वस्तु की मांग ⇒ इच्छा + क्रय करने की तत्परता + क्रय करने की क्षमता / योग्यता

⇓

संतुष्टि के लिए

Note ⇒ वृद्धि ↑ कमी ↓

⇒ माँग का नियम

- कीमत और माँग के बीच विपरीत संबंध
- कीमत में ↓ माँग में ↑
- कीमत में ↑ माँग में ↓

माँग एवं आपूर्ति सिद्धांत की सर्वप्रथम व्याख्या
⇓
अल्फ्रेड मार्शल
(वर्ष 1890, पुस्तक- अर्थशास्त्र के सिद्धांत)

⇒ माँग के नियम के अपवाद

- गिफेन वस्तुएँ (Giffen Goods)
  - अनाज (ज्वार आदि)
  - नमक

⇓

- कीमत में वृद्धि
- माँग में वृद्धि

⇒ माँग वक्र ऊपर की ओर (upward)

- प्रतिष्ठा सूचक वस्तुएँ ⇒ लग्जरी वस्तुएं
  ⇓
  महँगी कार, iPhone आदि ⇒ वेबलन गुड्स

⇒ माँग वक्र (Demand Curve)

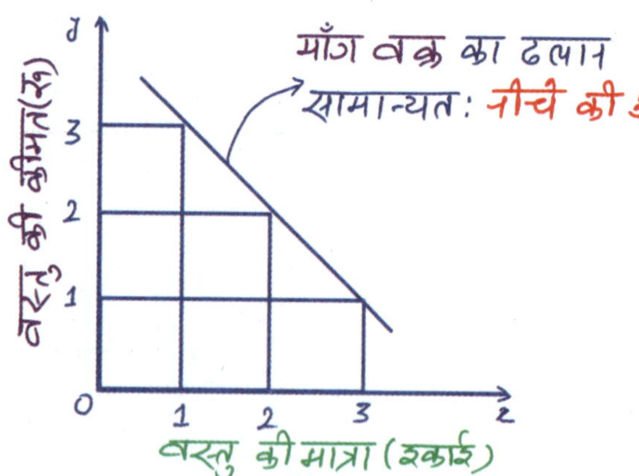

ऋणात्मक
⇓
मूल्य में ↑ माँग में कमी
मूल्य में ↓ माँग में वृद्धि
⇓
विपरीत संबंध के कारण

बाजार संतुलन
- बाजार माँग = बाजार आपूर्ति
- कोई अतिरिक्त आपूर्ति नहीं

- जब कीमत ₹ 1 तो वस्तु की मांगी गई मात्रा 3
- जब कीमत ₹ 3 तो वस्तु की मांगी गई मात्रा 1

⇒ वस्तुओं का आय और कीमत प्रभाव

→ सामान्य वस्तु (Normal Goods) → आय प्रभाव (+), कीमत प्रभाव (−)

→ निम्न कोटी वस्तु (Inferior Goods) → आय प्रभाव (−)

→ गिफेन वस्तु (Giffen Goods) → आय प्रभाव (−), कीमत प्रभाव (+)

⇒ माँग की लोच (Elasticity of Demand)
⇓
वस्तु की कीमत में परिवर्तन के फलस्वरूप वस्तु की माँग में परिवर्तन

→ माँग की कीमत लोच
→ माँग की आय लोच
→ माँग की आड़ी लोच

⇒ माँग की आय लोच

• जब वस्तु की माँगी गई मात्रा के परिवर्तनों को क्रेता की आय में हुए परिवर्तन के संदर्भ में मापा जाए

$$\text{माँग की आय लोच } (e_y) = \frac{\text{माँग में \% परिवर्तन}}{\text{आय में \% परिवर्तन}}$$

⇒ माँग की आड़ी लोच

• जब वस्तु की माँगी गई मात्रा के परिवर्तनों को दूसरी संबंधित (स्थानापन्न/पूरक) वस्तु की कीमत में हुए परिवर्तन के संदर्भ में मापा जाए

$$\text{माँग की आड़ी लोच } (e_c) = \frac{\text{माँग की मात्रा में \% परिवर्तन}}{\text{संबंधित वस्तु की कीमत में \% परिवर्तन}}$$

⇒ माँग की कीमत लोच

• जब वस्तु की माँगी गई मात्रा के परिवर्तनों को उसकी कीमत में हुए परिवर्तन के संदर्भ में मापा जाए

$$\text{माँग की कीमत लोच } (e_p) = \frac{\text{माँग में \% परिवर्तन}}{\text{कीमत में \% परिवर्तन}}$$

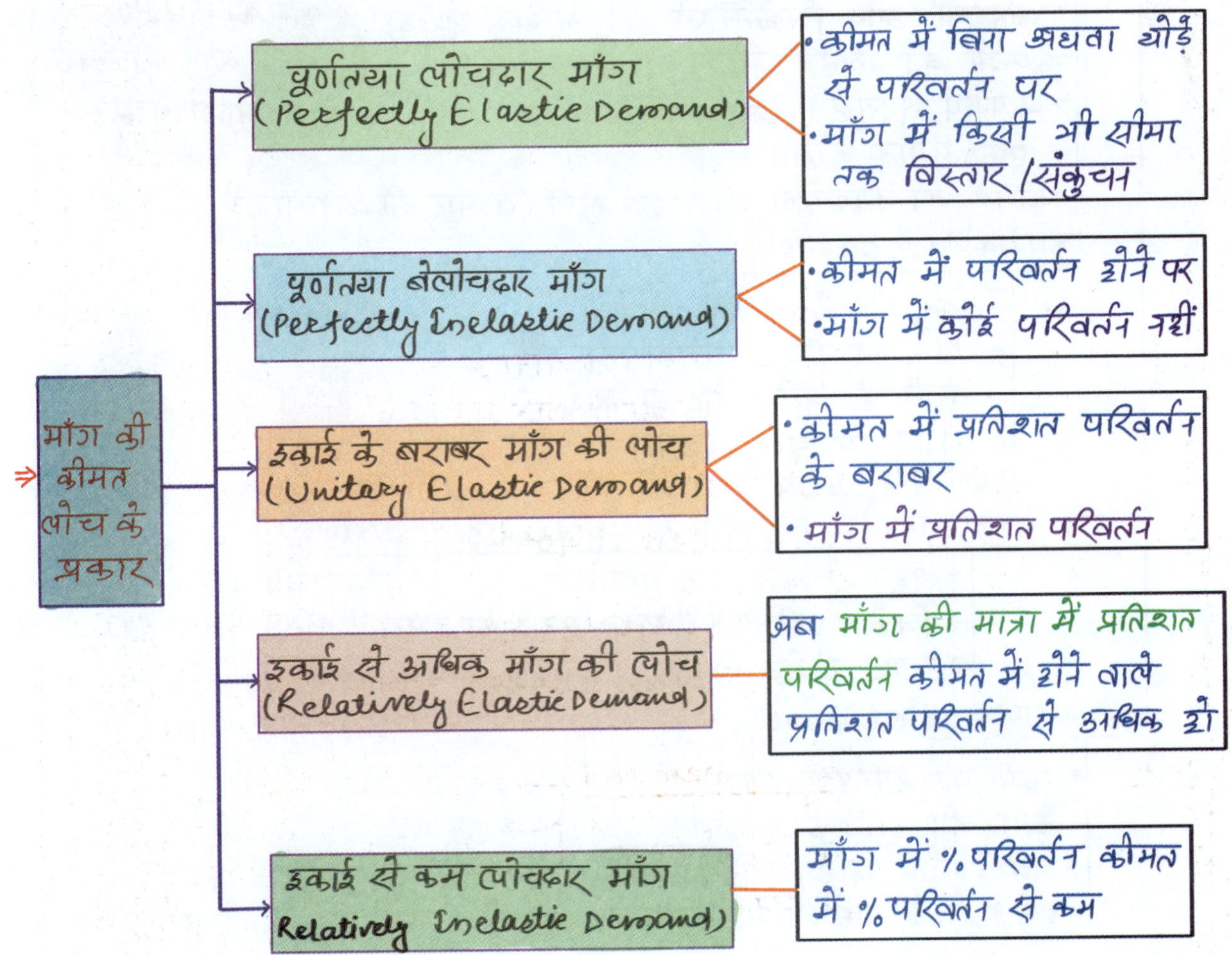

आपूर्ति का नियम (Law of Supply)

- **पूर्ति** ⇒ वस्तु की वह विभिन्न मात्रा जिसे उत्पादक वस्तु की विभिन्न संभव कीमतों पर एक निश्चित समय पर बेचने हेतु तैयार हो
- **पूर्ति का नियम** ⇒ वस्तु की कीमत और इसकी पूर्ति में धनात्मक संबंध
  - → उच्च कीमत पर पूर्ति ↑
  - → कम कीमत पर पूर्ति ↓

आपूर्ति वक्र (Supply Curve)

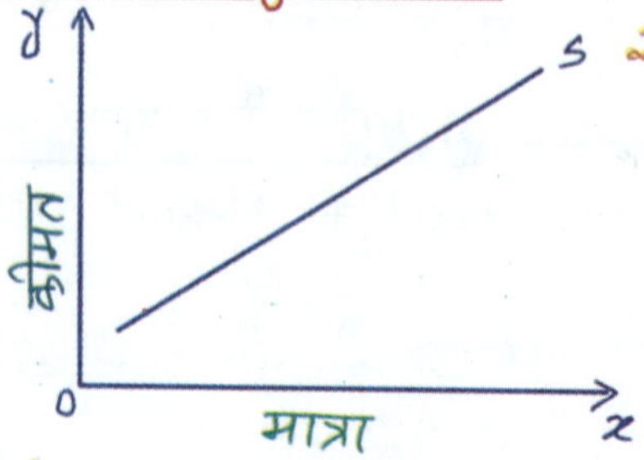

Slope of Supply Curve

पूर्ति वक्र का ढलान सामान्यतः ऊपर की ओर

वस्तु की कीमत —धनात्मक संबंध→ पूर्ति की मात्रा

⇒ बाजार के स्वरूप / प्रकार (Forms of Market)

- → **पूर्ण प्रतियोगिता (Perfect Competition)**
  - → क्रेताओं और विक्रेताओं की अधिक संख्या
  - → फर्मों का स्वतंत्र प्रवेश व बहिर्गमन
  - → समरूप वस्तुएँ (Homogeneous)
  - → एक समान कीमत
  - → कीमत का निर्धारण माँग एवं पूर्ति (बाजार की शक्तियों द्वारा) से

> सकारात्मक अर्थव्यवस्था
> धन की आपूर्ति में वृद्धि का अर्थव्यवस्था में मूल्य वृद्धि

- → **एकाधिकार (Monopoly)**
  - → वस्तु का केवल एक विक्रेता
  - → वस्तु का निकट स्थानापन्न नहीं
  - → फर्मों के प्रवेश पर प्रतिबंध
  - → कीमत पर पूर्ण नियंत्रण
  - → एकाधिकार प्रतियोगिता की तुलना में मांग वक्र कम लोचदार

> ब्याज दर और मुद्रा की माँग के बीच प्रतिलोम संबंध

- → **एकाधिकार प्रतियोगिता (Monopolistic competition)**
  - → बहुत से क्रेता एवं विक्रेता
  - → विक्रेता की वस्तु एक-दूसरे से भिन्न
  - → उत्पाद विभेद ⇒ रंग, डिजाइन, आकार आदि
- → **अल्पाधिकार (Oligopoly)**
  - → फर्मों की सीमित संख्या
  - → क्रेता की अधिक संख्या
  - → प्रवेश में बाधाएँ / आसान नहीं
  - → एक फर्म के कीमत तथा उत्पादन संबंधी निर्णयों का दूसरों पर प्रभाव

02 अर्थव्यवस्था: एक परिचय

⇒ अर्थव्यवस्था (Economy)

दो शब्द ⇒ अर्थ + व्यवस्था से मिलकर बना है।

अर्थ → मुद्रा (धन)
व्यवस्था → एक स्थापित कार्य प्रणाली

किसी भी देश की समस्त आर्थिक गतिविधियों से संबंधित

⇒ क्रियाएँ

- आर्थिक क्रियाएँ ⇒ धन अर्जित करने हेतु विभिन्न क्रियाओं में व्यस्त
  - डॉक्टर
  - शिक्षक
  - व्यापारी
- अनार्थिक क्रियाएँ ⇒ धन अर्जित करना उद्देश्य नहीं
  - ⇓ सामाजिक क्रियाएँ, धार्मिक क्रियाएँ आदि

⇒ अर्थव्यवस्था के प्रकार

- पूँजीवादी (उदारवादी)
- समाजवादी (राज्य अर्थव्यवस्था)
- मिश्रित अर्थव्यवस्था

⇒ नियंत्रण के आधार पर सरकार की भूमिका

- खुली अर्थव्यवस्था
- बंद अर्थव्यवस्था

⇒ बाह्य संबंधों के आधार पर

⇒ पूँजीवादी (उदारवादी) अर्थव्यवस्था

- एडम स्मिथ की पुस्तक वेल्थ ऑफ नेशन्स से प्रारंभ
- उत्पादन व कीमत संबंधी निर्णय बाजार की शक्तियों द्वारा
- आर्थिक गतिविधियों पर राज्य सरकार का न्यूनतम / नगण्य नियंत्रण
- सरकार की भूमिका ⇒ नगण्य
- पूर्ण आर्थिक स्वतंत्रता ⇒ अहस्तक्षेप (Laissez-faire) अर्थव्यवस्था
- आर्थिक उद्देश्य लाभ कमाना
- व्यक्तिगत स्वामित्व
- संसाधनों का असमान वितरण
- पूँजीवाद मुक्त बाजार अर्थव्यवस्था का एक महत्वपूर्ण पहलू

उदाहरण = अमेरिका, ब्रिटेन आदि

⇒ समाजवादी (राज्य) अर्थव्यवस्था

- जर्मन दार्शनिक कार्ल मार्क्स का सिद्धांत
- राज्य महत्वपूर्ण शक्ति के रूप में

- संसाधनों पर सार्वजनिक स्वामित्व
- आर्थिक उद्देश्य समाज कल्याण
- आर्थिक स्वतंत्रता का अभाव

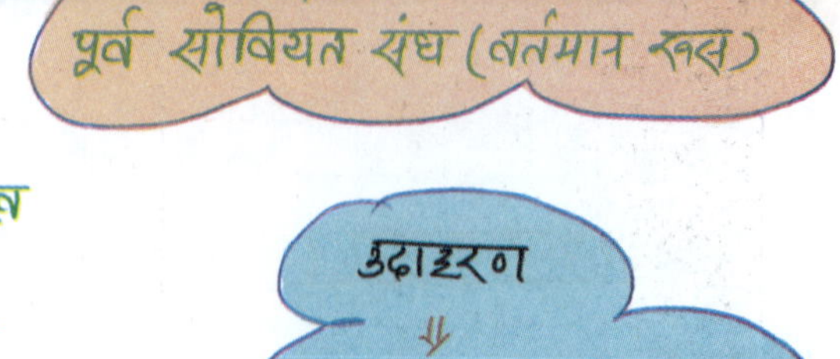

⇒ मिश्रित अर्थव्यवस्था

- निजी व सार्वजनिक दोनों का सह-अस्तित्व
- राज्य सरकार की सीमित भूमिका
- आर्थिक उद्देश्य समाज कल्याण + लाभ
- आय का कम असमान वितरण

उदाहरण
⇓
भारतीय अर्थव्यवस्था

गाँधीवादी अर्थव्यवस्था न्यासिता ट्रस्टीशिप के सिद्धांत पर आधारित

⇒ खुली अर्थव्यवस्था
→ उदारवादी व निजी आर्थिक तत्वों का वर्चस्व
→ आयात-निर्यात पर न्यूनतम प्रतिबंध
→ उदाहरण ⇒ हॉंगकॉंग, सिंगापुर

आयात
भारत — खुली अर्थव्यवस्था — शेष विश्व
निर्यात

⇒ बंद अर्थव्यवस्था
→ बाह्य अर्थव्यवस्थाओं से कोई संबंध नहीं
→ आयात-निर्यात शून्य
→ उदाहरण ⇒ उत्तर कोरिया

⇒ भारतीय अर्थव्यवस्था की विशेषताएँ
→ कृषि प्रधान
→ तकनीकी पिछड़ापन
→ पूँजी निर्माण की निम्न दर
→ बेरोजगारी
→ निम्न राष्ट्रीय व प्रति व्यक्ति आय
→ औद्योगिक पिछड़ापन

⇒ अर्थव्यवस्था के क्षेत्रक ⇒
→ प्राथमिक
→ द्वितीयक
→ तृतीयक
→ चतुर्धातुक (चतुर्थक)
→ पंचसंख्यक

⇒ प्राथमिक क्षेत्र
→ प्रत्यक्ष रूप से पर्यावरण पर निर्भर
→ कृषि, पशुपालन, वानिकी, मत्स्यपालन, खनन
→ संलग्न लोग [रेड कॉलर वर्कर्स]
→ देश के सकल घरेलू उत्पाद (GDP) में योगदान ⇒ 16%

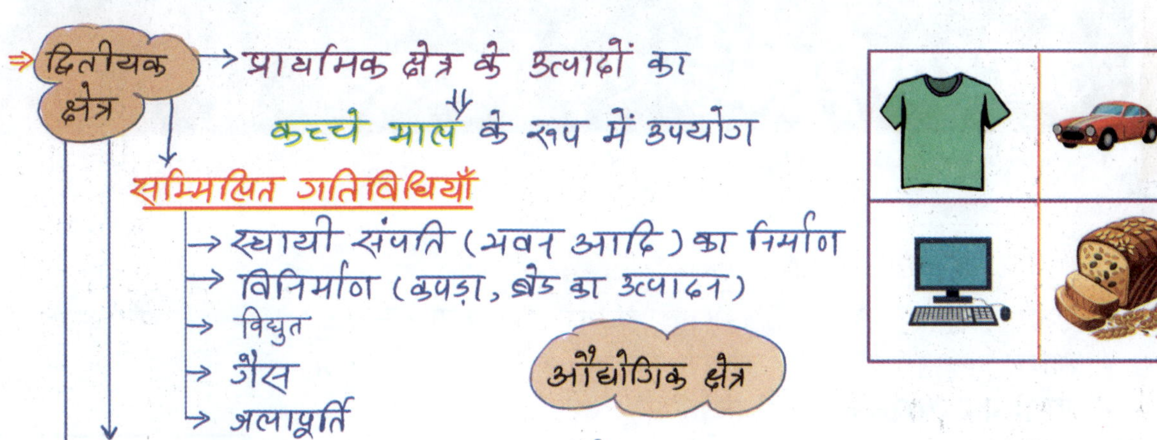

⇒ **द्वितीयक क्षेत्र** → प्राथमिक क्षेत्र के उत्पादों का ⇓ कच्चे माल के रूप में उपयोग

सम्मिलित गतिविधियाँ
- → स्थायी संपत्ति (भवन आदि) का निर्माण
- → विनिर्माण (कपड़ा, ब्रेड का उत्पादन)
- → विद्युत
- → गैस
- → जलापूर्ति

औद्योगिक क्षेत्र

संलग्न व्यक्ति ⇒ ब्लू कॉलर वर्कर्स

देश के सकल मूल्य वर्धन (GVA) में योगदान ⇒ 27.6 प्रतिशत

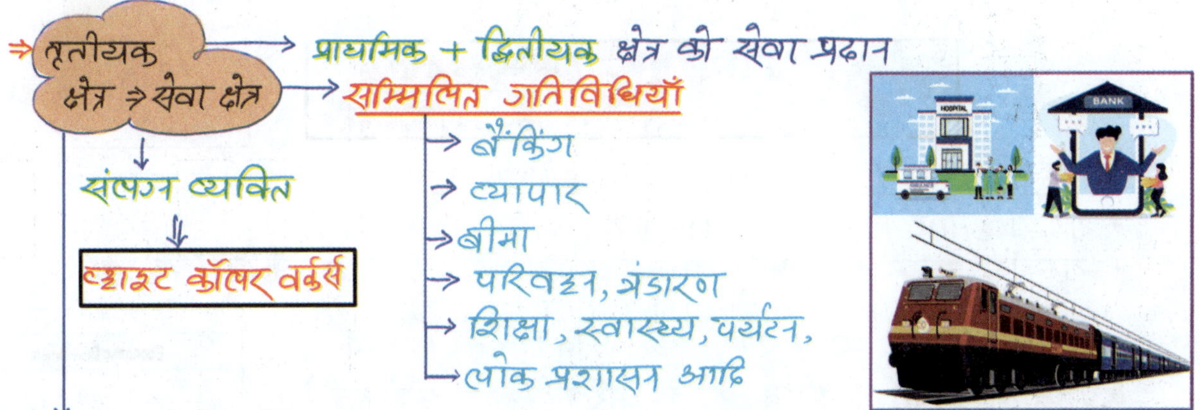

⇒ **तृतीयक क्षेत्र ⇒ सेवा क्षेत्र** → प्राथमिक + द्वितीयक क्षेत्र को सेवा प्रदान

सम्मिलित गतिविधियाँ
- → बैंकिंग
- → व्यापार
- → बीमा
- → परिवहन, भंडारण
- → शिक्षा, स्वास्थ्य, पर्यटन,
- → लोक प्रशासन आदि

संलग्न व्यक्ति ⇓ **व्हाइट कॉलर वर्कर्स**

देश के GVA में योगदान ⇒ 55 प्रतिशत ⇒ सर्वाधिक

⇒ **चतुर्थातुक क्षेत्र (Quaternary sector)**
- संस्कृति, पुस्तकालय, अनुसंधान, शिक्षा, सूचना प्रौद्योगिक आदि गतिविधि शामिल
- ज्ञान क्षेत्र (Knowledge sector)

⇒ **पंचसंख्यक क्षेत्र (Quinary sector)**
- → उच्च स्तर के निर्माण से संबंधित
- → नये विचारों का निर्माण
- → पुराने की पुनर्व्याख्या
- → विश्वविद्यालय, मीडिया, विज्ञान, राजनीति आदि

विकास के उच्च स्तर पर GDP में विभिन्न क्षेत्रों का योगदान ⇓ कृषि < उद्योग < सेवा क्षेत्र

⇒ **विश्व में भारतीय अर्थव्यवस्था का स्थान**
- GDP के आधार पर ⇒ चौथा (अप्रैल 2025 में जारी IMF की वर्ल्ड इकोनॉमिक आउटलुक रिपोर्ट के अनुसार), 1. अमेरिका, 2. चीन, 3. जर्मनी, 5. जापान है।
- क्रय शक्ति समता (PPP) के आधार पर ⇒ तीसरी

03 आर्थिक संवृद्धि एवं विकास

⇒ आर्थिक संवृद्धि (Economic Growth)

- सकल घरेलू उत्पाद (GDP), सकल राष्ट्रीय उत्पाद (GNP), प्रति व्यक्ति आय (PCI) में होने वाली निरंतर वृद्धि से संबंधित
- मात्रात्मक परिवर्तन से संबंधित
- आर्थिक संवृद्धि का सर्वाधिक उपयुक्त मापदण्ड

⇓

प्रति व्यक्ति वास्तविक आय

⇓

प्रति व्यक्ति आय = $\frac{\text{देश की राष्ट्रीय आय}}{\text{देश की जनसंख्या}}$

⇒ आर्थिक विकास (Economic Development)

- समस्त उत्पादन साधनों का कुशलतापूर्वक विदोहन
- राष्ट्रीय आय और प्रति व्यक्ति आय में निरंतर व दीर्घकालिक वृद्धि के साथ लोगों का जीवन-स्तर बेहतर
- मात्रात्मक एवं गुणात्मक दोनों परिवर्तन से संबंधित
- आर्थिक विकास को अधिकारिता (Entitlement) तथा क्षमता के विस्तार के रूप में परिभाषित ⇒ प्रो. अमर्त्य सेन ⇒ वर्ष 1998 में नोबेल पुरस्कार
- आर्थिक विकास प्राकृतिक संसाधन, पूँजी निर्माण एवं बाजार के आकार पर निर्भर

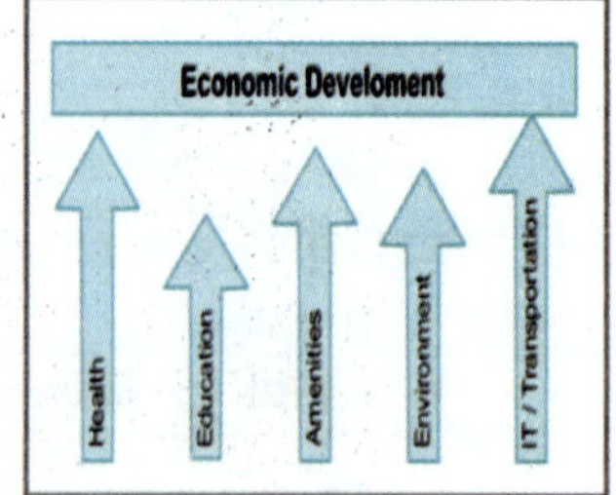

पर्यावरण कुजनेट्स वक्र ⇒ पर्यावरणीय गुणवत्ता व आर्थिक विकास के बीच संबंध को प्रदर्शित

⇒ आर्थिक विकास का मापन
- → मानव विकास सूचकांक
- → आधारभूत आवश्यकता प्रत्यागम ⇒ प्रतिपादन ⇒ विश्व बैंक
- → जीवन की भौतिक गुणवत्ता सूचकांक
- → निवल आर्थिक कल्याण
- → क्रय शक्ति समता विधि

⇒ निवल आर्थिक कल्याण (Net Economic Welfare)

- मैजर ऑफ इकोनॉमिक वेलफेयर (MEW) का संशोधित रूप
- धारणा का सर्वप्रथम प्रयोग ⇒ डैली तथा कॉब (1989)
- प्रतिपादन ⇒ सैमुएलसन

⇒ जीवन का भौतिक गुणवत्ता सूचकांक (Physical Quality of Life Index - PQLI)

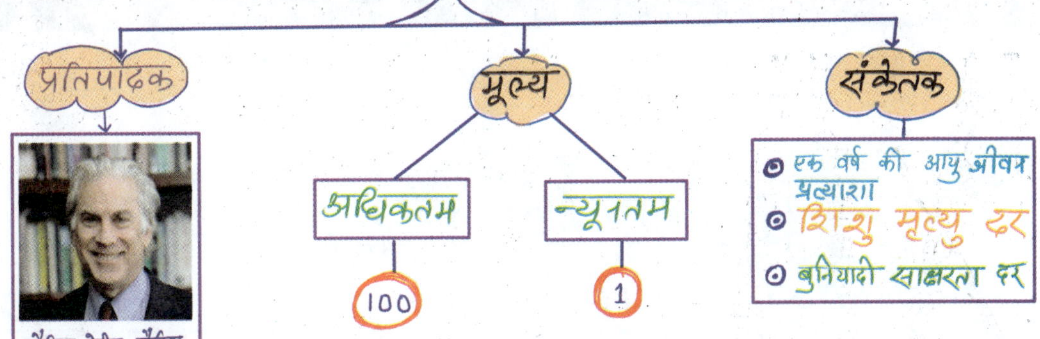

⇒ क्रय शक्ति समता विधि (Purchasing Power Parity Method - PPP)

→ वर्तमान में विश्व बैंक द्वारा प्रयोग

→ देशों के तुलनात्मक रहन-सहन के निर्धारण हेतु

⇒ मानव विकास सूचकांक (Human Development Index ⇒ HDI)

→ प्रतिपादन ⇒ 1990 में महबूब-उल-हक, अमर्त्य सेन व अन्य

संयुक्त राष्ट्र विकास कार्यक्रम UNDP से संबंधित

→ प्रारंभ ⇒ 1990 (UNDP द्वारा) से

→ संकेतक
- जन्म के समय ⇒ जीवन प्रत्याशा
- शिक्षा
- प्रतिव्यक्ति आय

→ मूल्य
- अधिकतम ⇒ 1
- न्यूनतम ⇒ 0

देश में मानव विकास सूचकांक का प्रकाशन करने वाला प्रथम राज्य ⇓ मध्य प्रदेश (1995)

नोट ⇒ HDI रैंकिंग में भारत का स्थान ⇒ 130 (193 देशों में) आइसलैंड HDI (2024-25) में शीर्ष पर, जबकि दक्षिण सूडान अंतिम स्थान पर। ⇒ रिपोर्ट ⇒ 2024-25

आर्थिक विकास तथा आर्थिक संवृद्धि में अंतर	
आर्थिक विकास	**आर्थिक संवृद्धि**
① गुणात्मक संकल्पना	• मात्रात्मक संकल्पना
② उत्पादन में वृद्धि के साथ-साथ तकनीकी एवं संस्थागत परिवर्तन भी	• एक स्थिर प्रक्रिया अतः किसी भी प्रकार की नवीनता का सृजन नहीं
③ इसके लिए संरचनात्मक परिवर्तन आवश्यक	• संरचनात्मक परिवर्तन पहले ही पूर्ण अतः केवल उत्पादन में ही वृद्धि
④ उचित नियंत्रण, निर्देशन, मार्गदर्शन से उत्पन्न सृजनात्मक शक्तियों का परिणाम	• नियोजित प्रक्रियाओं का परिणाम
⑤ सामाजिक, सांस्कृतिक, आर्थिक, गुणात्मक एवं परिमाणात्मक सभी परिवर्तनों से संबंधित	• केवल उत्पादन की वृद्धि से संबंधित

04 राष्ट्रीय आय

⇒ राष्ट्रीय आय से आशय

- किसी अर्थव्यवस्था में एक वित्तीय वर्ष (1 अप्रैल - 31 मार्च तक) के दौरान उत्पादित सभी अंतिम वस्तुओं एवं सेवाओं का मौद्रिक मूल्य
- विदेशों से अर्जित आय भी सम्मिलित
- मध्यवर्ती वस्तुएँ को शामिल नहीं किया जाता, जैसे - कपास का कपड़े बनाना, आटे का ब्रेड बनाने में

- राष्ट्रीय आय = C+I+G+(X-M)

Where, C = Consumption (उपभोग)
I = Investment (निवेश)
G = Govt. Expenditure (सरकारी व्यय)
X = निर्यात से प्राप्त आय, भारतीय नागरिकों द्वारा विदेशों से अर्जित आय,
M = आयात मद में व्यय, विदेशियों द्वारा भेजी जानेवाली आय

→ साइमन कुजनेट्स

→ राष्ट्रीय आय लेखांकन के जन्मदाता

अर्थव्यवस्था का चक्रीय प्रवाह
⇓
कुल उपभोग, कुल व्यय के बराबर

भारत में राष्ट्रीय आय की गणना

दादाभाई नौरोजी

- सर्वप्रथम राष्ट्रीय आय का अनुमान
- वर्ष 1867-68 में ₹ 20 प्रतिव्यक्ति आय
- पुस्तक → पॉवर्टी एण्ड अनब्रिटिश रूल इन इंडिया

डॉ. वी. के. आर. वी. राव

- सर्वप्रथम वैज्ञानिक विधि से राष्ट्रीय आय की गणना

राष्ट्रीय आय समिति

- गठन ⇒ अगस्त, 1949
- अध्यक्ष → पी. सी. महालनोबिस
- सदस्य → डी. आर. गाडगिल, → डॉ. वी. के. आर. वी. राव

राष्ट्रीय आय का पहली बार सरकारी अनुमान; 1948-49 में राष्ट्रीय आय ₹8710 करोड़; प्रतिव्यक्ति आय - ₹225

राष्ट्रीय आय से संबंधित अवधारणाएँ

अवधारणा	परिभाषा एवं तथ्य
सकल घरेलू उत्पाद (Gross Domestic Product - GDP)	किसी देश की घरेलू सीमा के भीतर एक वर्ष में उत्पादित सभी अंतिम वस्तुओं और सेवाओं के मौद्रिक मूल्य जीडीपी (GDP): कुल मौद्रिक मूल्य; केवल घरेलू सीमा; अंतिम वस्तुओं और सेवाओं का उत्पादन
निवल / शुद्ध घरेलू उत्पाद (NDP - Net Domestic Product)	• GDP में से मूल्य ह्रास को घटाने पर प्राप्त मूल्य ह्रास ⇓ उत्पादन के दौरान मशीन और पूँजी के मूल्य में आई कमी NDP = GDP – मूल्य ह्रास
नॉमिनल / सांकेतिक जीडीपी (Nominal GDP)	GDP का आँकड़ा जिसमें मुद्रास्फीति समायोजित नहीं
वास्तविक जीडीपी (Real GDP)	• GDP का आँकड़ा जिसमें मुद्रास्फीति समायोजित हो • Nominal GDP Real GDP से अधिक कारण ⇒ मुद्रास्फीति
जीडीपी अपस्फीतिकारक (GDP Deflator) $= \frac{\text{Nominal GDP}}{\text{Real GDP}} \times 100$	
चालू कीमतों पर जीडीपी (GDP at Market Price)	जब GDP की गणना प्रचलित बाजार मूल्यों पर की जाये,
स्थिर कीमतों पर जी.डी.पी. (GDP at Constant Price)	जब GDP की गणना किसी आधार वर्ष पर की जाये ⇓ वर्तमान में आधार वर्ष = 2011-12
सकल राष्ट्रीय उत्पाद (Gross National Product - GNP)	किसी देश के सामान्य निवासियों द्वारा एक वित्तीय वर्ष में देश के अंदर या बाहर उत्पादित की गई अंतिम वस्तुओं और सेवाओं के मौद्रिक मूल्य GNP = GDP + विदेशों से प्राप्त शुद्ध कारक आय

शुद्ध राष्ट्रीय उत्पाद (Net National Product-NNP)	सकल राष्ट्रीय उत्पाद में से मूल्य ह्रास घटाने पर प्राप्त **NNP = GNP – मूल्य ह्रास**
सकल मूल्य वर्धन (Gross Value Added-GVA)	• अनुमान कारक/साधन लागत के स्थान पर मूल कीमतों पर • GDP में सब्सिडी से अप्रत्यक्ष कर को घटाकर प्रस्तुत

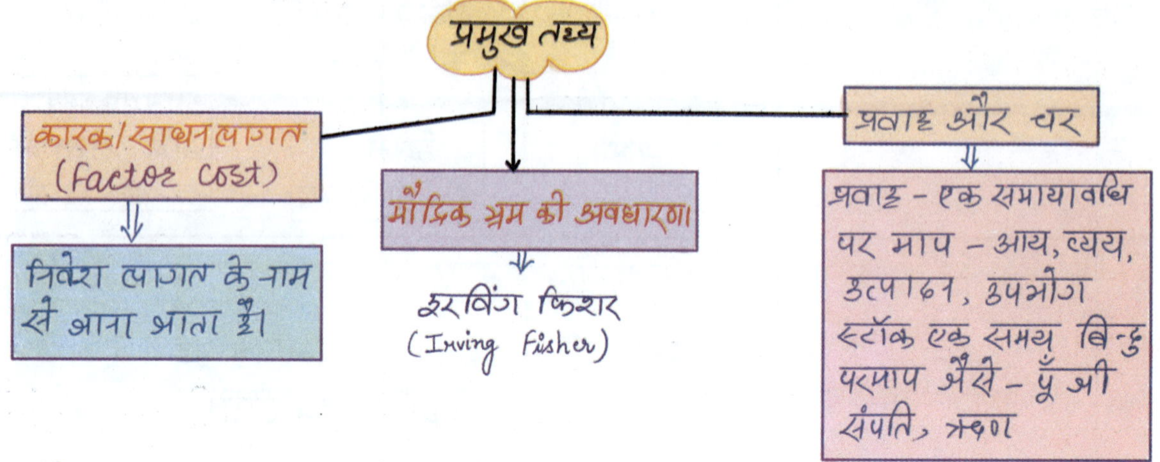

⇒ राष्ट्रीय आय लेखा के आधार वर्ष एवं गणना विधि में संशोधन

- जनवरी, 2015 में जारी
- राष्ट्रीय सांख्यिकी कार्यालय (NSO) द्वारा
- मुख्य तथ्य
  - आधार वर्ष में परिवर्तन 2004-05 के स्थान पर 2011-12
  - जीडीपी गणना हेतु क्षेत्रवार GVA के अनुमान हेतु साधन लागत के स्थान पर मूल कीमत (Basic Price) का प्रयोग

मूल कीमतों पर GVA = CE + OS/MI + CFC + उत्पादन कर − उत्पादन छूट

यहाँ (Where), CE = कर्मचारियों की क्षति पूर्ति

OS = परिचालन अधिशेष

MI = मिश्रित आय

CFC = अचल पूँजी का उपभोग

GDP = मूल कीमतों पर GVA + उत्पाद कर − उत्पाद सब्सिडी

GDP_{FC} = GDP_{MP} − अप्रत्यक्ष + सब्सिडी

GDP_{MP} = NDP_{FC} + मूल्य ह्रास + निवल अप्रत्यक्ष कर

FC = साधन लागत पर
MP = बाजार कीमत पर

⇒ **व्यक्तिगत आय (Personal Income)**

⇓

PI = राष्ट्रीय आय – निगमों के अवितरित लाभ – निगम कर – सामाजिक सुरक्षा योजना हेतु किए गए भुगतान + सरकारी हस्तांतरण भुगतान + व्यापारिक हस्तांतरण भुगतान

⇒ **व्यक्तिगत व्यय योग्य आय (Disposable Personal Income-DPI)**

⇓

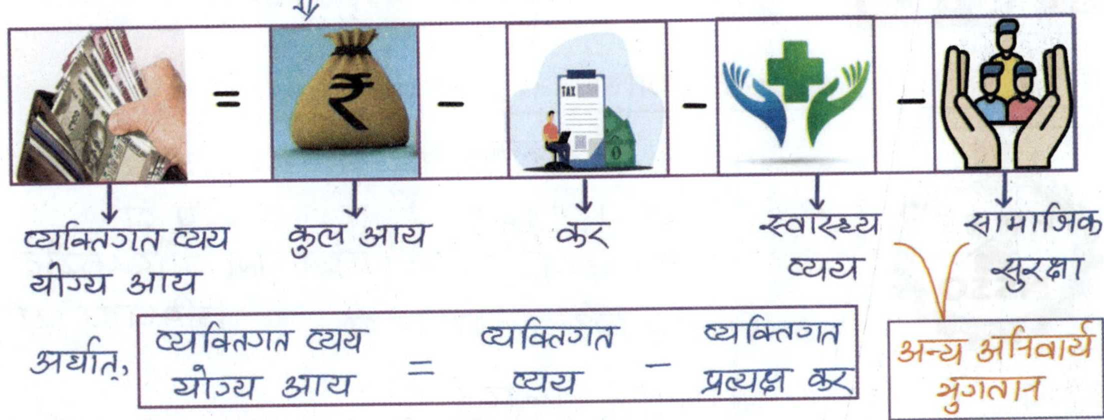

अर्थात्, व्यक्तिगत व्यय योग्य आय = व्यक्तिगत व्यय – व्यक्तिगत प्रत्यक्ष कर

⇒ **प्रति व्यक्ति आय (Per Capita Income)**

⇓

$$\text{प्रति व्यक्ति आय} = \frac{\text{राष्ट्रीय आय}}{\text{कुल जनसंख्या}}$$

$$\text{वास्तविक प्रति व्यक्ति आय} = \frac{\text{स्थिर कीमतों पर राष्ट्रीय आय}}{\text{कुल जनसंख्या}}$$

⇒ **हरित राष्ट्रीय आय (Green National Income)**

⇓

राष्ट्रीय उत्पादन में से उत्पादन प्रक्रिया के दौरान पर्यावरण एवं पारिस्थितिकी की हानि के मौद्रिक मूल्य घटाने पर प्राप्त

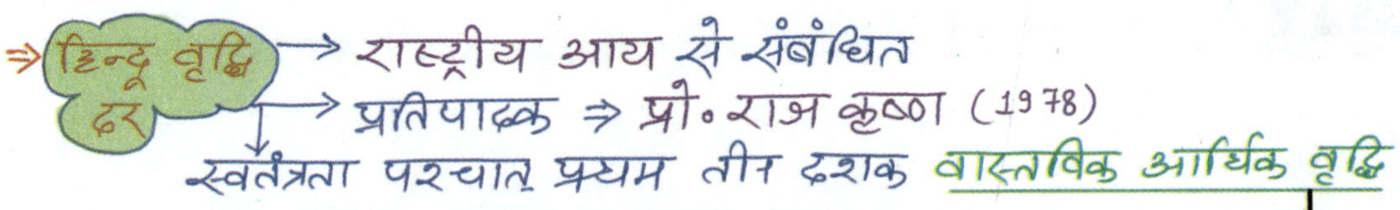

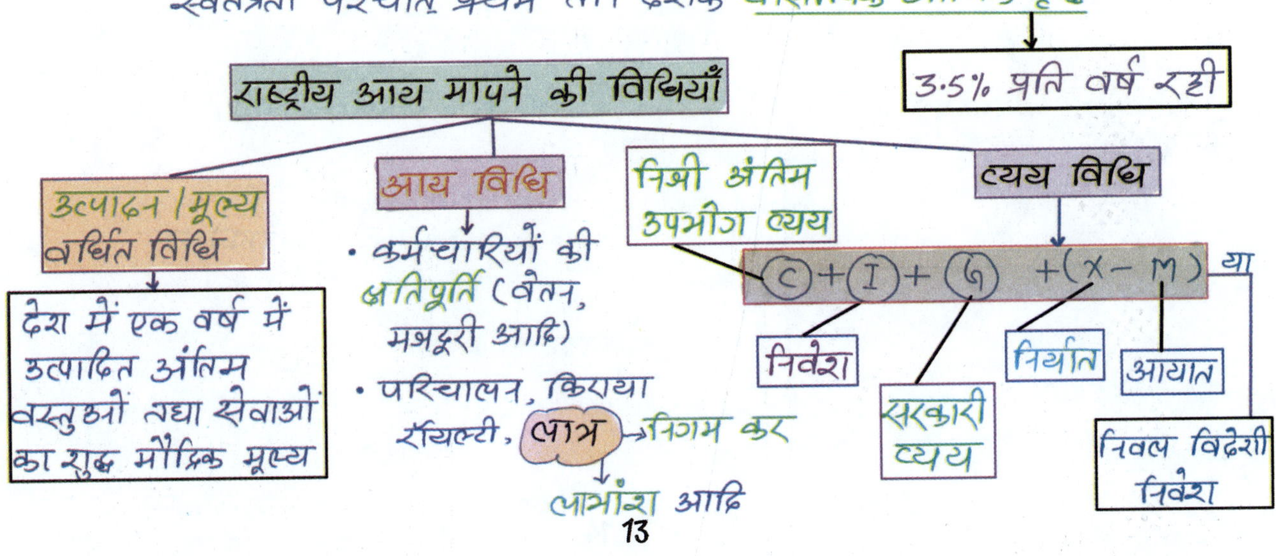

⇒ राष्ट्रीय आय की गणना संबंधी संगठन

→ केन्द्रीय सांख्यिकी कार्यालय (CSO)

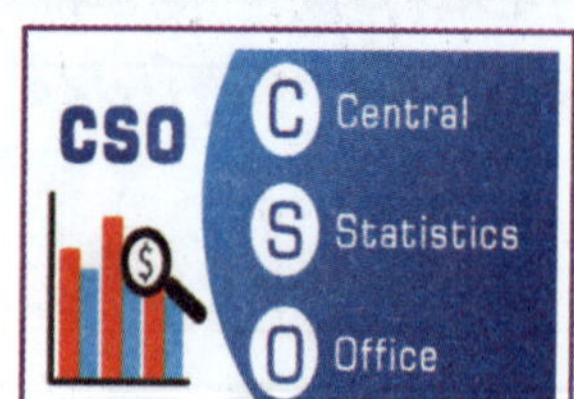

- → स्थापना ⇒ 2 मई, 1951
- → मुख्यालय ⇒ नई दिल्ली
- → राष्ट्रीय आय की गणना व प्रकाशन

→ राष्ट्रीय प्रतिदर्श सर्वेक्षण कार्यालय (NSSO)

- → स्थापना ⇒ 1950 (राष्ट्रीय प्रतिदर्श सर्वेक्षण के रूप में)
- → पुनर्गठन ⇒ 1970-71 में NSSO के रूप में
- → मुख्यालय ⇒ नई दिल्ली (कोलकाता और फरीदाबाद में डिविजनल ऑफिस)
- → आर्थिक सर्वेक्षण का कार्य

→ राष्ट्रीय सांख्यिकी आयोग (NSC)

- → गठन ⇒ 2005
- → कार्य प्रारंभ ⇒ 2006
- → सांख्यिकीय संस्थाएँ संबंधी समस्याएँ दूर करना

→ राष्ट्रीय सांख्यिकी कार्यालय (NSO)

- → मई 2019 [CSO और NSSO का विलय कर गठित किया गया] विलय करने का निर्णय
- → राष्ट्रीय आय का आँकड़े जारी करना

05 भारत में आर्थिक नियोजन

⇒ आर्थिक नियोजन ⇒ समवर्ती सूची का विषय

⇒ विश्व में सर्वप्रथम प्रारंभ ⇒ 1928 में
⇓
पूर्व सोवियत संघ (USSR) ⇒ जोसेफ स्टालिन द्वारा
⇓
भारत में आर्थिक नियोजन रूस से प्रेरित

⇒ भारत में आर्थिक नियोजन संबंधी प्रमुख योजना/प्रस्ताव

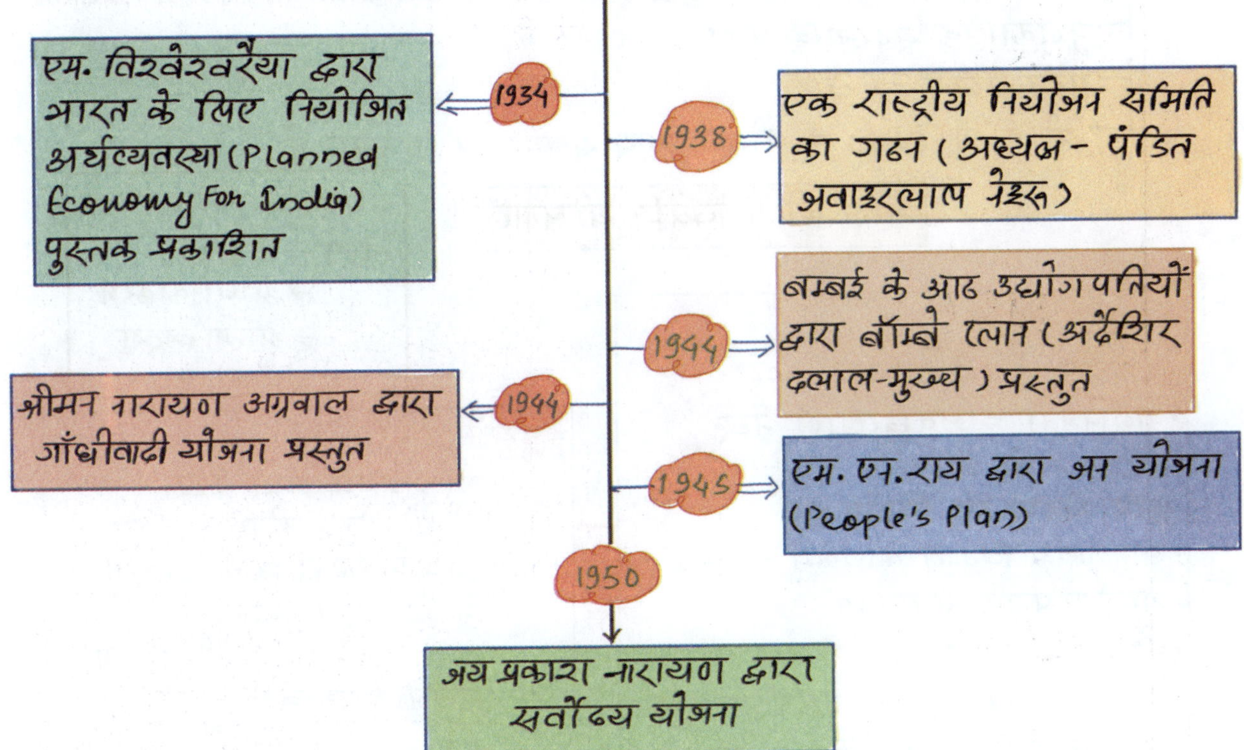

⇒ नियोजन से संबंधित संस्थान

⇒ योजना आयोग
- स्थापना ⇒ 15 मार्च, 1950 (के. सी. नियोगी समिति)
- अध्यक्ष ⇒ प्रधानमंत्री (पदेन)
- प्रथम अध्यक्ष ⇒ जवाहरलाल नेहरू
- प्रथम उपाध्यक्ष ⇒ गुलजारीलाल नंदा
- अंतिम उपाध्यक्ष ⇒ मोंटेक सिंह अहलूवालिया

⇒ राष्ट्रीय विकास परिषद (NDC)
- स्थापना ⇒ 6 अगस्त, 1952
- कार्य ⇒ योजना आयोग की सिफारिशों को स्वीकृति देना

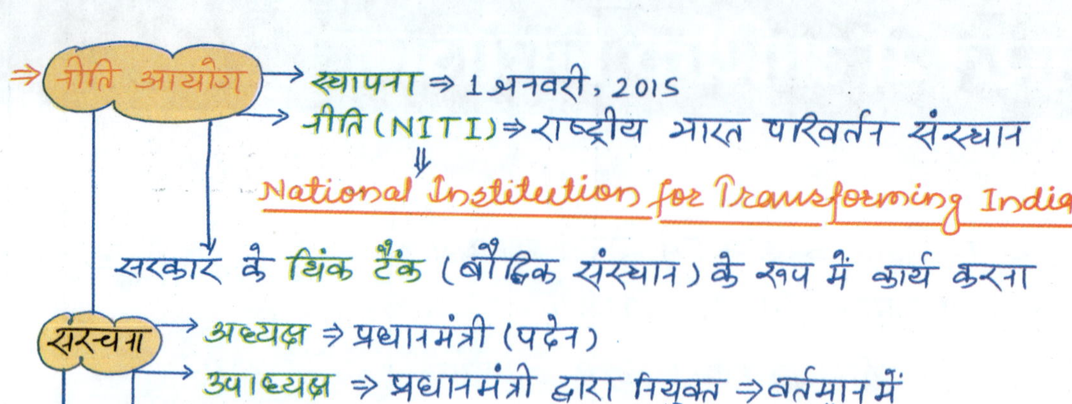

संरचना
- अध्यक्ष ⇒ प्रधानमंत्री (पदेन)
- उपाध्यक्ष ⇒ प्रधानमंत्री द्वारा नियुक्त ⇒ वर्तमान में ⇒ सुमन के. बेरी
- गवर्निंग काउन्सिल ⇒ सभी राज्यों के मुख्यमंत्री व केन्द्रशासित प्रदेशों के मुख्यमंत्री/उपराज्यपाल/प्रशासक
- पूर्णकालिक सदस्य ⇒ पाँच
- पदेन सदस्य ⇒ चार
- सी.ई.ओ (CEO) ⇒ बी.वी. आर. सुब्रमण्यम (वर्तमान में)

भारत की पंचवर्षीय योजनाएँ

पंचवर्षीय योजनाओं के लक्ष्य
- विकास
- आधुनिकीकरण
- आत्मनिर्भरता
- समानता

⇒ पहली योजना
- 1 अप्रैल, 1951 से 31 मार्च, 1956
- प्रधानमंत्री ⇒ जवाहरलाल नेहरू
- हैरॉड डोमर मॉडल
- कृषि विकास पर विशेष बल
- सामुदायिक विकास कार्यक्रम ⇒ 1952
- राष्ट्रीय प्रसार सेवा (1953)
- भाखड़ा नांगल बांध, दामोदर घाटी, हीराकुण्ड बहुउद्देशीय परियोजना शुरू
- परिवार नियोजन कार्यक्रम प्रारंभ - 1952

T = 2.1%, A = 3.6% ⇒ सफल

पी.सी. महालनोबिस के जन्म ⇓ दिवस ⇒ 29 जून को ⇓ राष्ट्रीय सांख्यिकी दिवस

⇒ दूसरी योजना (1956-61)
- PM ⇒ जवाहरलाल नेहरू
- पी.सी. महालनोबिस मॉडल
- आधारभूत व भारी उद्योगों के विकास पर बल
- समाजवादी समाज की स्थापना
- संयंत्र
  - राउरकेला (ओडिशा) ⇒ जर्मनी के सहयोग से
  - भिलाई (मध्यप्रदेश, अब छत्तीसगढ़) ⇒ रूस के सहयोग से
  - दुर्गापुर (प. बंगाल) ⇒ यू.के सहयोग से
- दूसरी औद्योगिक नीति, 1956 जारी

T = 4.5%, A = 4.3%

⇒ तीसरी योजना ⇒ 1961 से 66

- PM ⇒ पं. जवाहरलाल नेहरू
- जे. सैंडी, सुखमय चक्रवर्ती व महालनोबिस मॉडल
- आत्मनिर्भर व स्वत: स्फूर्त अर्थव्यवस्था बनाना
- कृषि व उद्योग को प्राथमिकता
- बोकारो (झारखण्ड, 1964) ⇒ रूस

⇓

ऑयरन एण्ड स्टील इंडस्ट्री की स्थापना

- पहली से तीसरी तक विकास की ट्रिकल डाउन थ्योरी
- भारत-चीन युद्ध (1962), भारत-पाक युद्ध (1965) के कारण योजना असफल
- रुपये का दूसरी बार अवमूल्यन
- 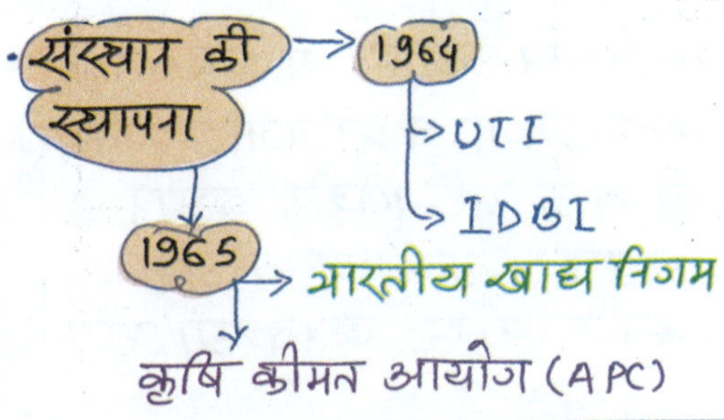

⇓

T = 5.6%, A = 2.8%

योजना अवकाश (3 वर्ष)

- अवधि ⇒ 1966-69
- नयी कृषि योजना
- हरित-क्रांति की शुरुआत
  - विश्व में हरित क्रांति के ⇓ जनक ⇒ नॉर्मन बोरलॉग
  - भारत में जनक ⇓ एम. एस. स्वामीनाथन
- लीड बैंक योजना ⇒ 1969 ⇓ नरीमन समिति

⇒ चौथी योजना (1969-74)

- PM = इंदिरा गांधी
- अशोक रुद्र - एलन एस. मान्ने या डी. आर. गाडगिल मॉडल
- स्थिरता के साथ आर्थिक विकास व आत्म-निर्भरता की प्राप्ति पर बल
- 14 बैंकों का राष्ट्रीयकरण
- प्रथम परमाणु परीक्षण, 1974 ⇓ स्माइलिंग बुद्धा
- सूखा प्रवण क्षेत्र कार्यक्रम (DPAP)
- परिवार नियोजन कार्यक्रम
- श्वेत क्रांति (ऑपरेशन फ्लड)
- भारत-पाक युद्ध, 1971

⇓

T = 5.7%, A = 3.3%

⇓

असफल

⇒ पांचवी योजना (1974-79)

- PM ⇒ इंदिरा गांधी
- डी. पी. धर मॉडल
- निर्धनता उन्मूलन व आत्म निर्भरता
- पर्वतीय क्षेत्र विकास कार्यक्रम प्रारंभ
- न्यूनतम आवश्यकता कार्यक्रम (1974)
- 20 सूत्रीय कार्यक्रम (1975)
- काम के बदले अनाज कार्यक्रम (1977-78)
- क्षेत्रीय ग्रामीण बैंक की स्थापना 2 अक्टूबर, 1975
- कार्यकाल पूर्ण होने से एक वर्ष पहले खत्म

⇓

(T = 4.4%, A = 4.8%)

⇒ अनवरत योजना (Rolling Plan) ⇒ 1978-80

- PM ⇒ मोरारजी देसाई (जनता पार्टी की सरकार)
- प्रतिपादन ⇒ गुन्नार मिर्डल द्वारा (पुस्तक ⇒ एशियन ड्रामा में)
- ट्राइसेम (ग्रामीण युवा स्वरोजगार प्रशिक्षण कार्यक्रम (1979)
  ⇓
  1999 में स्वर्ण जयंती ग्राम स्वरोजगार योजना में समाहित
- लागू करने का श्रेय (भारत में)
  ⇓
  प्रो. डी.टी. लकड़ावाला
- इस दौरान गांधीवादी नीति का अनुसरण

⇒ छठी योजना (1980-85)

- PM ⇒ इंदिरा गांधी
- गरीबी निवारण व रोजगार सृजन
- राष्ट्रीय आय में वृद्धि, प्रौद्योगिक का आधुनिकीकरण
- IRDP, NERP, DWACRA, RLEGP
- छह बैंकों का राष्ट्रीयकरण (1980)
- नाबार्ड की स्थापना ⇒ 12 जुलाई, 1982
- एक्जिम बैंक (निर्यात-आयात बैंक) की स्थापना ⇒ 1982

⇓

T = 5.2%, A = 5.7%

⇒ सातवीं योजना (1985-90)

- संवृद्धि, आधुनिकीकरण, आत्म-निर्भरता, सामाजिक न्याय पर बल
  ⇓
- खाद्यान्न उत्पादन में वृद्धि, उत्पादकता व रोजगार अवसरों में वृद्धि पर विशेष ध्यान
- जवाहर रोजगार योजना
- स्पीड पोस्ट व्यवस्था शुरू

⇓

T = 5.0%, A = 6.0%

⇒ वार्षिक योजना (1990-92)

- राजनैतिक अस्थिरता व भुगतान संतुलन संकट
- IMF द्वारा शर्तों के अधीन सहायता
- लघु उद्योग विकास बैंक (SIDBI) ⇒ 1990
- 1991 आर्थिक सुधार (LPG की घोषणा)
  - Liberalisation (उदारीकरण)
  - Privatisation (निजीकरण)
  - Globalisation (वैश्वीकरण)
- PM ⇒ नरसिम्हा राव
- वित्त मंत्री ⇒ डॉ. मनमोहन सिंह

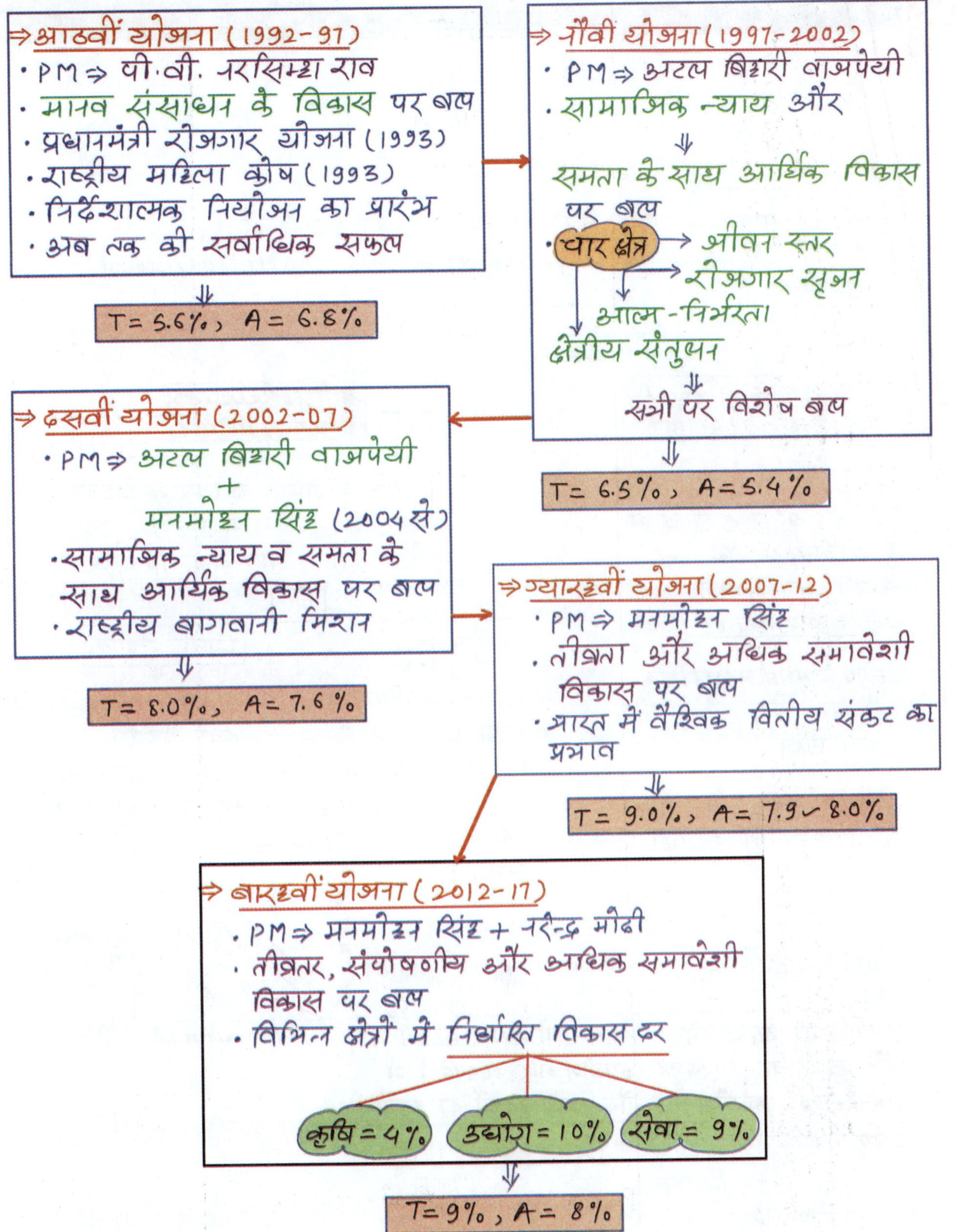
⇒ आठवीं योजना (1992-97)
• PM ⇒ पी.वी. नरसिम्हा राव
• मानव संसाधन के विकास पर बल
• प्रधानमंत्री रोजगार योजना (1993)
• राष्ट्रीय महिला कोष (1993)
• निर्देशात्मक नियोजन का प्रारंभ
• अब तक की सर्वाधिक सफल
T = 5.6%, A = 6.8%
⇒ नौवीं योजना (1997-2002)
• PM ⇒ अटल बिहारी वाजपेयी
• सामाजिक न्याय और
समता के साथ आर्थिक विकास पर बल
• चार क्षेत्र
जीवन स्तर
रोजगार सृजन
आत्म-निर्भरता
क्षेत्रीय संतुलन
सभी पर विशेष बल
T = 6.5%, A = 5.4%
⇒ दसवीं योजना (2002-07)
• PM ⇒ अटल बिहारी वाजपेयी
+
मनमोहन सिंह (2004 से)
• सामाजिक न्याय व समता के साथ आर्थिक विकास पर बल
• राष्ट्रीय बागवानी मिशन
T = 8.0%, A = 7.6%
⇒ ग्यारहवीं योजना (2007-12)
• PM ⇒ मनमोहन सिंह
• तीव्रता और अधिक समावेशी विकास पर बल
• भारत में वैश्विक वित्तीय संकट का प्रभाव
T = 9.0%, A = 7.9 - 8.0%
⇒ बारहवीं योजना (2012-17)
• PM ⇒ मनमोहन सिंह + नरेन्द्र मोदी
• तीव्रतर, संपोषणीय और अधिक समावेशी विकास पर बल
• विभिन्न क्षेत्रों में निर्धारित विकास दर
कृषि = 4%
उद्योग = 10%
सेवा = 9%
T = 9%, A = 8%

06 निर्धनता एवं बेरोजगारी

⇒ निर्धनता/गरीबी (Poverty)

- मूलभूत आवश्यकताओं (भोजन, घर, मकान) का पूरा न होना।
- अमर्त्य सेन के अनुसार - गरीबी बहुआयामी (Multidimensional) समस्या।

निर्धनता की माप

- **निरपेक्ष (Absolute) निर्धनता / प्रतिमान**
  - निर्धनता के स्तर से नीचे जीवन यापन करने वाले व्यक्ति/समुदाय
  - सर्वप्रथम प्रयोग जॉन आर हयाएड → FAO के प्रथम महानिदेशक
  - न्यूनतम आय या उपयोग आधारित
- **सापेक्ष (Relative) निर्धनता / प्रतिमान**
  - समाज के औसत व्यक्ति के जीवन स्तर की तुलना में किसी व्यक्ति के उपयोग, आय व संपत्ति का अभाव
  - **माप**
    - **लॉरेंज वक्र**
      - वर्ष 1905 में मैक्स ओ' लॉरेंज द्वारा विकसित
      - आय में विषमता का संकेत
    - **गिनी गुणांक**
      - कोरेडो गिनी (1912) द्वारा विकसित
      - आय या संपति की असमानता की माप

⇒ निर्धनता रेखा (Poverty line)

- → आय या उपयोग व्यय का स्तर
- → उपयोग व्यय के आधार पर निर्धनता
  - **यूनिफॉर्म रिकॉल अवधि** → उपयोग की खाद्य और गैर-खाद्य वस्तुएँ (विगत 30 दिनों में उपयोग)
  - **मिश्रित रिकॉल अवधि** → 30 दिनों में खाद्य पदार्थों का उपयोग और 365 दिनों में गैर-खाद्य पदार्थों का उपयोग

⇒ शीर्ष गणना अनुपात (HCR ⇒ Head Count Ratio)

- निरपेक्ष निर्धनता मापन
- गरीबी रेखा के नीचे की जनसंख्या प्रतिशत
- अमर्त्य सेन द्वारा हेड काउंट रेशियो (H) के स्थान पर इनकम गैप रेशियो (I) की संकल्पना प्रस्तुत (सेन गरीबी गुणांक)

भारत में गरीबी का आकलन

नाम/समिति	वर्ष	प्रमुख तथ्य
दादाभाई नौरोजी	1867-68	• भारत में सर्वप्रथम निर्धनता का अध्ययन • जीवन के निर्वाह लागत सिद्धांत का प्रयोग 'पॉवर्टी एण्ड अनब्रिटिश रूल इन इंडिया' पुस्तक में गरीबी रेखा का पहला अनुमान ⇓ ₹ 16 से ₹ 35 प्रतिव्यक्ति वार्षिक आय
दाण्डेकर एवं रथ	1971 में	• गरीबी रेखा का निर्धारण (पहला वैज्ञानिक तरीका) • सर्वप्रथम कैलोरी आधार का प्रयोग • प्रतिदिन 2250 कैलोरी प्राप्तकर्ता गरीब नहीं
वाई.के. अलघ समिति	(1979)	• ग्रामीण क्षेत्रों में ⇒ 2400 कैलोरी • शहरी क्षेत्रों में ⇒ 2100 कैलोरी
लकड़ावाला समिति	(1989)	शहरी और ग्रामीण क्षेत्रों के लिए अलग-अलग उपभोक्ता मूल्य सूचकांक (CPI) → औद्योगिक श्रमिकों के लिए → CPI-IW → कृषि श्रमिकों के लिए → CPI-AL
सुरेश तेंदुलकर समिति	गठन-2004 रिपोर्ट-2009	• जीवन निर्वाह की लागत (Cost of living) की अवधारणा • 6 मूलभूत आवश्यकताएँ (शिक्षा, स्वास्थ्य आदि) ⇓ 2011-12 में गरीबी ग्रामीण → ₹ 816 प्रतिमाह (₹ 27/दिन) → 25.7% कुल → 21.9% शहरी → ₹ 1000 प्रतिमाह (₹ 33/दिन) → 13.7%
सी. रंगराजन समिति	गठन 2012 रिपोर्ट 2014	न्यूनतम उपयोग व्यय ग्रामीण ⇓ ₹ 972 प्रतिमाह (₹ 32/दिन) शहरी ⇒ ₹ 1407 प्रतिमाह (₹ 47/दिन)

Note ⇒ वर्तमान में गरीबी रेखा का आकलन नीति आयोग द्वारा (NSSO) एकत्रित आँकड़ों के आधार पर

राष्ट्रीय बहुआयामी गरीबी सूचकांक (MPI)

- नीति आयोग द्वारा जारी (पहली बार वर्ष 2021) ⇒ 12 मापदण्ड

बेरोजगारी (Unemployment)

प्रचलित मजदूरी दर पर कार्य करने के इच्छुक व्यक्ति को कोई काम न मिले

कारण ⇒ अत्यधिक जनसंख्या

बेरोजगारी के प्रकार

- शिक्षित बेरोजगारी ⇒ अधिकांशतः शहरी क्षेत्रों में पढ़े लिखे लोग बेरोजगार
- मौसमी बेरोजगारी ⇒ कृषि क्षेत्र में वर्ष में 7 - 8 माह काम ⇒ शेष माह काम नहीं
- घर्षनात्मक बेरोजगारी ⇒ एक नौकरी छोड़कर, दूसरी नौकरी खोजने के बीच की अवधि
- प्रच्छन्न बेरोजगारी ⇒ सीमांत उत्पादकता शून्य
- चक्रीय बेरोजगारी ⇒ विकसित देशों में बाजार में उतार - चढ़ाव के कारण
- खुली बेरोजगारी ⇒ कार्य नगण्य बेरोजगारी का चरमोत्कर्ष की स्थिति
- संरचनात्मक बेरोजगारी ⇒ औद्योगिक क्षेत्रों में ⇒ भारत में यही स्वरूप
- दीर्घकालिक बेरोजगारी ⇒ लंबी अवधि तक बेरोजगारी की स्थिति

बेरोजगारी की माप

भगवती समिति (1973) द्वारा तीन अवधारणाएँ प्रस्तुत

- सामान्य स्थिति ⇓ वर्ष में 183 दिनों से कम रोजगार
- चालू साप्ताहिक स्तर ⇓ सप्ताह में एक घंटे का भी कार्य नहीं
- चालू दैनिक स्तर ⇓ सप्ताह में कुछ दिन ही कार्य, शेष दिन काम की खोज
  11 वीं पंचवर्षीय योजना से प्रयोग

- पूर्ण रोजगार ⇒ 8 घण्टे प्रतिदिन कार्य के साथ ⇒ 273 दिन
- श्रम शक्ति ⇒ कार्य में लगे लोगों की संख्या + बेरोजगारों की संख्या
- कार्यशील जनसंख्या ⇒ 15-59 वर्ष आयु वर्ग की जनसंख्या
  ⇓
  15-64 वर्ष (PIFS के अनुसार)

$$\text{बेरोजगारी दर} = \frac{\text{बेरोजगारों की संख्या}}{\text{श्रम शक्ति}} \times 100$$

प्रमुख निर्धनता निवारण/रोजगार कार्यक्रम

रोजगार कार्यक्रम	वर्ष	प्रमुख तथ्य
प्रधानमंत्री-वन योजना	2024	• उन्नत जैव ईंधन परियोजनाओं को बढ़ावा देना • अधिशेष बायोमास और कृषि अपशिष्ट से • इथेनॉल का विकास करना
PM विश्वकर्मा	2023	• असंगठित क्षेत्रों के पारंपरिक शिल्पकारों तथा कामगारों की वित्तीय सहायता
एकीकृत खाद्य सुरक्षा योजना	2023	• 80 करोड़ लोगों को निःशुल्क खाद्यान्न
स्वनिधि से समृद्धि	2022	• सड़क विक्रेताओं का चहुँमुखी विकास
युवा PM योजना	2021	• 30 वर्ष से कम युवा लेखकों को प्रोत्साहन
PM आदर्श ग्राम योजना	2021	• 50% ST आबादी वाले गाँवों को प्राथमिकता • 36 गाँवों को पूरे देश में कवर
PM गरीब कल्याण रोजगार अभियान	2020	• देश के प्रवासी मजदूरों को सहायता
एक देश एक राशन कार्ड	2020	• सरकारी राशन दुकान से कम कीमत पर राशन
PM श्रमयोगी मानधन पेंशन योजना	2019	• असंगठित क्षेत्र • 15000 तक मासिक आय प्राप्त करने वाले (40 वर्ष ↓) • 60 वर्ष के पश्चात ₹ 3000 की पेंशन
आयुष्मान भारत योजना	2018	• 10 करोड़ गरीब परिवारों के लिए • ₹ 5 लाख के स्वास्थ्य बीमा

राष्ट्रीय वयोश्री योजना	2017	•BPL बुजुर्गों, वरिष्ठ नागरिकों को ⇓ सहायक उपकरण
PM मातृत्व वंदना योजना	2017	•सुरक्षित प्रसव •प्रसव के पश्चात् मातृत्व भोज
PM वय वंदना योजना	2017	•60 वर्ष या अधिक आयु वर्ग को पेंशन बीमा
स्वयं (SWAYAM)	2016	•निःशुल्क गुणवत्ता युक्त शिक्षा
प्रधानमंत्री उज्ज्वला योजना	2016	•5 करोड़ BPL परिवारों को LPG कनेक्शन •₹1600 प्रति परिवार को वित्तीय सहायता
प्रधानमंत्री आवास योजना (ग्रामीण)	2016	•2029 तक प्रत्येक ग्रामीण परिवार को पक्का मकान
PM सुरक्षा बीमा योजना	2015	•18 से 70 वर्ष आयु वर्ग •12 रुपये वार्षिक प्रीमियम •बीमा का प्रावधान → मृत्यु एवं पूर्ण विकलांगता पर 2 लाख → आंशिक विकलांगता पर 1 लाख
अटल पेंशन योजना	2015	•18 से 40 वर्ष आयु वर्ग के असंगठित कर्मचारियों श्रमिकों के लिए •60 वर्ष उपरांत पेंशन
बेटी बचाओ बेटी पढ़ाओ	2015	•बेटियों की भ्रूण हत्या से सुरक्षा
दीन दयाल उपाध्याय ग्राम ज्योति योजना	2015	•सभी घरों में विद्युत आपूर्ति
श्यामा प्रसाद मुखर्जी रूर्बन मिशन	2015	•ग्रामीण क्षेत्रों में एकीकृत परियोजना

07 मुद्रा एवं मुद्रास्फीति

मुद्रा (Money)

⇓

वस्तु जो सभी वस्तुओं एवं सेवाओं के विनिमय (लेन-देन) या भुगतान के माध्यम के रूप में कार्य करे

⇒ मुद्रा का विकास

पशु, कौड़ियां	सोना, चाँदी आदि के सिक्के	कागजी बैंक नोट	बैंक चेक, ड्राफ्ट आदि	क्रेडिट / डेबिट कार्ड	बिटक्वॉइन लिब्रा आदि
→ वस्तु मुद्रा	→ धातु मुद्रा	→ पत्र मुद्रा	→ साख मुद्रा	→ प्लास्टिक मुद्रा	→ क्रिप्टो मुद्रा

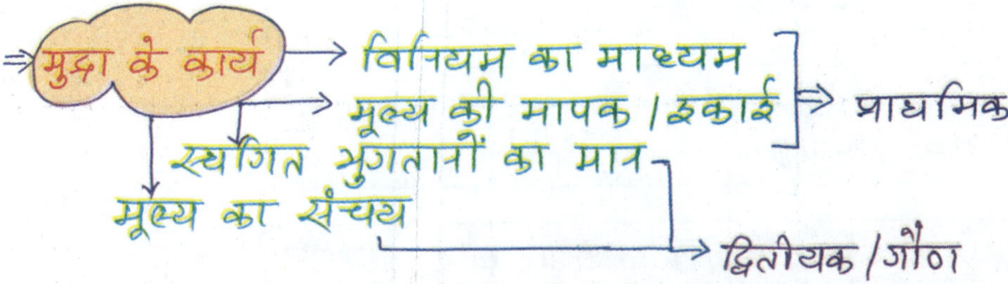

⇒ मुद्रा के प्रकार

वैधानिक मुद्रा (Legal Tender)
- निर्गमन ⇒ सरकार / केन्द्रीय बैंक द्वारा
- स्वीकार करना व्यक्तियों के लिए बाध्यता

प्रतीक मुद्रा
- वास्तविक मूल्य अंकित मूल्य से कम
- वर्तमान ₹ 1 का सिक्का

दुर्लभ मुद्रा
- अंतर्राष्ट्रीय बाजार में आपूर्ति से अधिक मांग हो ($)

साख मुद्रा
- स्वीकार करने की व्यक्तियों पर बाध्यता नहीं
- प्रतिज्ञा पत्र, चैक, हुण्डी, विनिमय पत्र, बैंक ड्रॉफ्ट आदि।

मुद्रा के प्रकार

गर्म मुद्रा
- वित्तीय बाजार में शीघ्र पलायन करने की प्रवृत्ति
- शेयर बाजार में लगी विदेशी मुद्राएं

मानक मुद्रा (Standard Money) ⇓
मूल्य वस्तु और मुद्रा के रूप में समान

नज़दीकी मुद्रा
- शीघ्र तथा आसानी से मुद्रा में परिवर्तित जैसे- सोना, चांदी, राष्ट्रीय बचत जमा आदि

सुलभ मुद्रा
- अंतर्राष्ट्रीय बाजार में माँग से अधिक आपूर्ति (₹ भारतीय)

⇒ मुद्रा की तरलता (Liquidity)

- संपत्ति का शीघ्रता से नकद में परिवर्तित होने की प्रवृत्ति
  ⇓
  बिना किसी विलम्ब व नुकसान के
- परिसंपत्तियों का तरलता में घटता क्रम
  ⇓
  मुद्रा > बैंकों के मांग जमा > बैंकों में बचत जमा > बैंकों में सावधि जमा
- सर्वाधिक तरल संपत्ति ⇒ नकद मुद्रा

मुद्रा की मांग
⇓
दैनिक व भविष्य की आकस्मिक आवश्यकता

⇒ मुद्रा का संचलन वेग (Velocity of Money)

⇓
मुद्रा की एक इकाई का एक इकाई अवधि में जितनी बार हस्तांतरण हो।

⇒ मुद्रा की पूर्ति/माप

→ M_0 ⇒ चलन में मुद्रा + बैंकों की RBI के पास जमाएँ + RBI के पास अन्य जमाएँ

→ M_1 ⇒ जनता के पास मुद्रा + बैंकों की मांग जमाएँ + RBI के पास अन्य जमाएँ

→ M_2 ⇒ M_1 + डाकघरों के पास बचत बैंक जमाएँ

→ M_3 ⇒ M_1 + व्यापारिक बैंकों की सावधि जमाएँ

→ M_4 ⇒ M_3 + डाकघरों की समग्र जमाएँ

मापक	प्रकार	तरलता
M_1	संकीर्ण मुद्रा	सर्वाधिक
M_2	संकीर्ण मुद्रा	M_1 से कम
M_3	व्यापक/ब्रॉड मुद्रा	M_2 से कम
M_4	व्यापक मुद्रा	सबसे कम

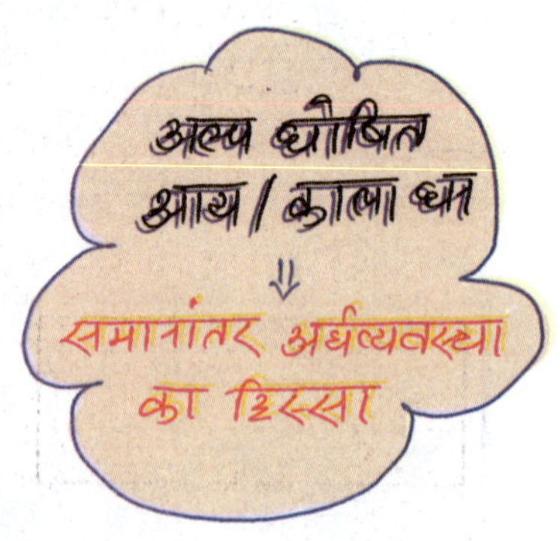

⇒ मुद्रा से संबंधित महत्वपूर्ण तथ्य

- भारत में सरकार के एकाधिकार के अंतर्गत पत्र मुद्रा का निर्गमन 1861 के पश्चात्
- सबसे पहले महात्मा गांधी चित्र वाले नोट (₹ 100) 1969 में ₹ 500 के नोट पर सर्वप्रथम 1987 में ⇒ 1996 से सभी नोट में
- सभी नोटों पर हिन्दी व अंग्रेजी सहित 17 भाषाओं का उल्लेख

- रुपया का प्रतीक चिन्ह (₹) का डिजाइन - उदय कुमार (IIT, गुवाहटी)
  - ⇓ देवनागरी के र और रोमन R — दोनों को मिलाकर
  - ⇓ 2010 में स्वीकार
- भारत अपनी अलग मुद्रा का प्रतीक चिन्ह वाला विश्व का पांचवा देश
  - ⇓ शेष चार देश
    - → अमेरिकी डॉलर ($)
    - → जापानी येन (¥)
    - → यूरोपीय यूरो (€)
    - → ब्रिटिश पाउण्ड स्टर्लिंग (£)
- वर्ष 1957 में मुद्रा की दशमलव प्रणाली अपनाई गई।

फिशर का विनिमय समीकरण

$$MV = PT$$

M = मुद्रा आपूर्ति
V = परिसंचरण वेग
P = मूल्य स्तर
T = लेन-देन

मुद्रास्फीति (Inflation)

⇒ **मुद्रास्फीति** → मूल्य स्तर में होने वाली सतत् वृद्धि

- मुद्रा के मूल्य में कमी ⇒ क्रय शक्ति का घटना
- मौद्रिक भ्रम (Money Illusion) ⇒ इरविंग फिशर (MV = PT)
  - ⇓ मुद्रास्फीति के प्रभाव के बिना अपनी आय व संपत्ति को देखना

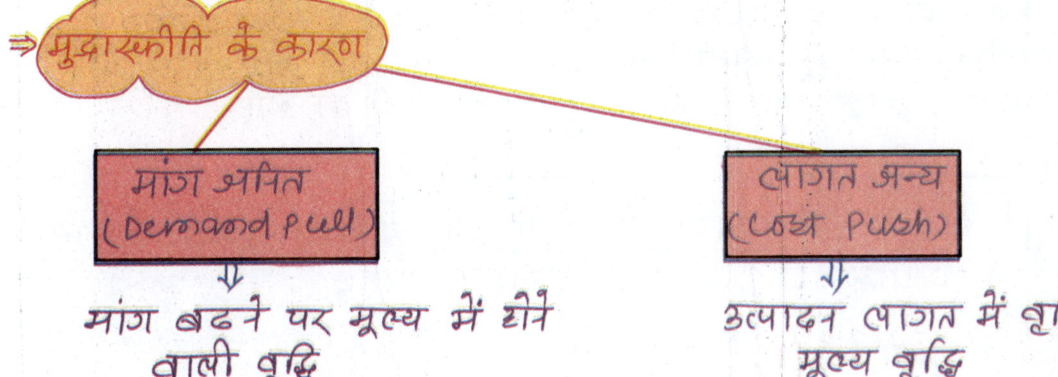

⇒ **कीन्स के अनुसार**

⇓

वास्तविक मुद्रास्फीति पूर्ण रोजगार बिन्दु के पश्चात उत्पन्न होती है।

⇒ मुद्रास्फीति के प्रकार

मुद्रास्फीति संबंधी अन्य पद

⇓

⇒ **अवस्फीति व अपस्फीति (Disinflation and Deflation)**

- दोनों मुद्रास्फीति के विपरीतार्थक शब्द
- दोनों मूल्यों में ह्रास/कमी को प्रदर्शित
- अवस्फीति ⇒ जब मुद्रास्फीति की दर 6 से 4% की ओर नीचे गिरे
- अपस्फीति ⇒ जब स्फीति की दर 2% से नीचे हो जाए

⇒ **मुद्रा-संस्फीति (Reflation)**

⇓

जानबूझकर मुद्रा व साख की मात्रा में वृद्धि के द्वारा मूल्यों में वृद्धि करने का प्रयास

⇒ **स्टैगफ्लेशन (Stagflation)**

⇓

वह स्थिति जब स्फीति की दर व बेरोजगारी दोनों ही उच्च अवस्था में हो।

⇒ **शीर्ष (हेडलाइन) मुद्रास्फीति**

- खाद्य और ऊर्जा की कीमतों सहित कुल मुद्रास्फीति
- माप ⇒ उपभोक्ता मूल्य सूचकांक - संयुक्त (CPI-C)

⇒ कोर मुद्रास्फीति (Core Inflation)

- भारत में सर्वप्रथम उपयोग (2000-01)
- हेड लाइन इन्फ्लेशन में खाद्य एवं ईंधन घटकों निकालकर ज्ञात
- गैर-खाद्य विनिर्मित वस्तु से संबंधित

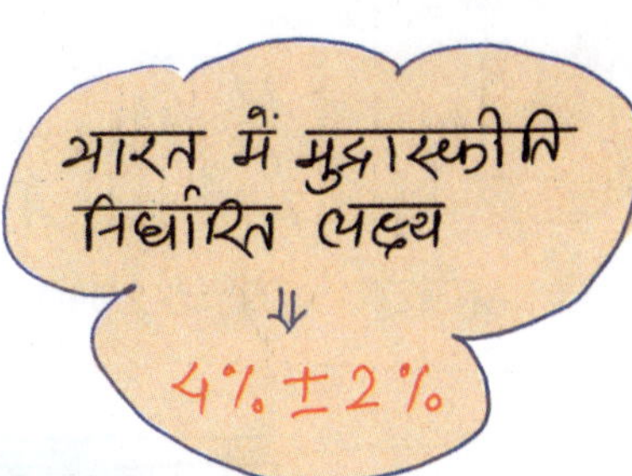

मुद्रास्फीति की माप/गणना/सूचक

- थोक मूल्य सूचकांक
- उपभोक्ता मूल्य सूचकांक

⇒ थोक मूल्य सूचकांक
(Wholesale Price Index - WPI)

- पहली बार जारी - 1942 (जनवरी)
- केवल कुछ चिन्हित वस्तुओं के समूह (Basket) के मदों के थोक मूल्य में परिवर्तन का मापन
- इसका संकलन, उद्योग मंत्रालय के आर्थिक सलाहकार कार्यालय द्वारा
- मासिक स्तर पर (पूर्व में साप्ताहिक)
- आधार वर्ष ⇒ 2011-12 ⇒ समिति-सौमित्र चौधरी

नोट ⇒ जनवरी, 2025 में भारत सरकार द्वारा आधार वर्ष (2011-12) की वर्तमान श्रृंखला के संशोधन (2022-23) के लिए समिति का गठन, अध्यक्ष ⇒ प्रो. रमेश चन्द

वस्तुएं व उनके भार

प्रमुख समूह	भार
प्राथमिक वस्तुएं	22.62%
ईंधन व ऊर्जा	13.15%
विनिर्मित उत्पाद	64.23%

उत्पादक मूल्य सूचकांक (PPI)
⇓
- WPI व CPI से श्रेष्ठ
- मूल्य परिवर्तन को उत्पादकों के परिप्रेक्ष्य में मापा जाता है।

⇒ उपभोक्ता मूल्य सूचकांक
(Consumer Price Index - CPI)

A. औद्योगिक कामगारों के लिए
⇓
- उपभोक्ता मूल्य सूचकांक - IW
- आधार वर्ष ⇒ 2016
- संकलन ⇒ श्रम ब्यूरो द्वारा (श्रम मंत्रालय)
- कर्मचारियों के मंहगाई भत्ते के निर्धारण में प्रयोग

B. कृषि श्रमिकों के लिए
⇓ CPI-AL
- आधार वर्ष 1986-87
- संकलन श्रम ब्यूरो द्वारा

C. ग्रामीण श्रमिकों के लिए ⇒ CPI-RL
⇓
- आधार वर्ष 1986-87
- संकलन ⇒ श्रम ब्यूरो द्वारा

⇒ नये उपभोक्ता मूल्य सूचकांक
→ सीपीआई – ग्रामीण (CPI-R)
→ सीपीआई – शहरी (CPI-U)
→ सीपीआई – संयुक्त (CPI-C) ⇒ C = R+U

आधार वर्ष ⇒ 2012

RBI द्वारा CPI-C का प्रयोग

प्रकाशन ⇒ केन्द्रीय सांख्यिकी कार्यालय (CSO) द्वारा [अब राष्ट्रीय सांख्यिकी कार्यालय (NSO) द्वारा]

⇒ फिलिप्स वक्र (Phillips Curve)

- प्रतिपादक ए. डब्ल्यु. फिलिप्स
- मुद्रास्फीति की दर तथा बेरोजगारी की दर के बीच व्युत्क्रमानुपाती (उल्टा)

⇒ मुद्रास्फीति के विभिन्न वर्गों / क्षेत्रों पर प्रभाव

वर्ग / क्षेत्र	प्रभाव	वर्ग / क्षेत्र	प्रभाव
उपभोक्ता, ऋणदाता	हानि	ऋणी	लाभ
स्थिर आय समूह	हानि	उत्पादक	"
पेंशनभोगी वर्ग	हानि	व्यापारी	"
डिबेन्चर के रूप में सम्पत्ति धारक	हानि	कृषक	"
		विनियोजक	"
सार्वजनिक बचत	कमी	परिवर्तनशील आय समूह	"
निर्यात	कमी	आयात	वृद्धि
		करारोपण	"
		सार्वजनिक व्यय	"

मुद्रा का अवमूल्यन (Devalution)

- विदेशी मुद्रा की तुलना में
- मुद्रा के बाह्य मूल्य में कमी
- आंतरिक मूल्य पर कोई प्रभाव नहीं

भारत में → 1949, 1966, 1991

⇒ मुद्रास्फीति से निपटने के उपाय

→ राजकोषीय (सरकार द्वारा)
- → अप्रत्यक्ष करों में कमी करारोपण में वृद्धि
- → प्रत्यक्ष करों में वृद्धि सार्वजनिक व्यय में कमी
- → उत्पादन में वृद्धि

मौद्रिक उपाय
- → मुद्रा आपूर्ति कम करना (RBI द्वारा)
- → बैंक दर, रेपो दर, सी आर आर में वृद्धि

⇒ मुद्रा - संकुचन से निपटने के उपाय

राजकोषीय
- → सार्वजनिक व्यय में वृद्धि
- → करारोपण में कमी, ऋणों का भुगतान

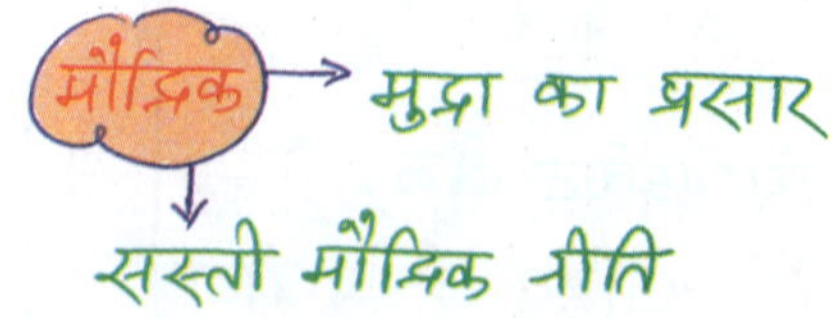

08 भारत में बैंकिंग

⇒ बैंक (Bank)

- एक वित्तीय संस्था
- लोगों की जमा स्वीकार करना और ऋण देना

⇒ भारत में बैंकिंग का विकास

⇓

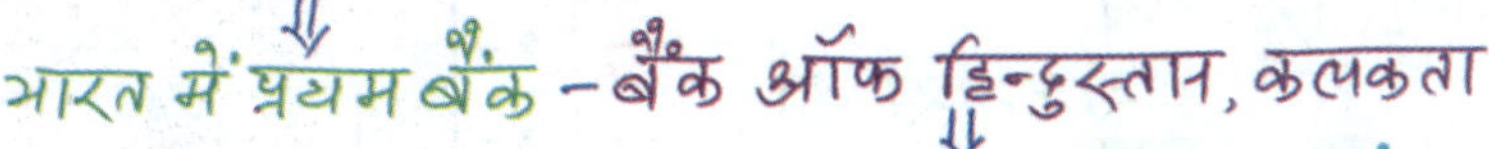

⇓

1770 में यूरोपीय बैंकिंग पद्धति पर

तीन प्रेसीडेन्सी बैंकों की स्थापना (निजी + सरकारी अंशधारियों)

बैंक ऑफ बंगाल (1806)

बैंक ऑफ बॉम्बे (1840)

बैंक ऑफ मद्रास (1843)

तीनों को मिलाकर

इम्पीरियल बैंक ऑफ इंडिया (1921 में)

बैंकिंग संरचना

संगठित	असंगठित
• भारतीय रिजर्व बैंक • वाणिज्यिक बैंक • वित्तीय संस्थान • बैंकिंग नियमों का पालन	• देशी बैंकर • साहूकार, महाजन • निजी व्यक्ति • अपनी शर्तों पर लेन देन • बैंकिंग नियमों का पालन नहीं

- 1 जुलाई, 1955 को राष्ट्रीयकरण, नाम परिवर्तित ⇒ स्टेट बैंक ऑफ इंडिया (SBI)
- भारतीय द्वारा स्थापित व संचालित पहला बैंक ⇒ अवध कॉमर्शियल बैंक (1881)
- पूर्ण रूप से भारतीयों द्वारा स्थापित व संचालित पहला बैंक ⇓ पंजाब नेशनल बैंक (1894)

बैंकों का राष्ट्रीयकरण

- 19 जुलाई, 1969 को 14 वाणिज्यिक बैंकों का राष्ट्रीयकरण

	14 बैंक	
• इंडियन ओवरसीज बैंक		• यूनियन बैंक ऑफ इंडिया
• देना बैंक		• यूनाइटेड कॉमर्शियल बैंक
• इंडियन बैंक		• बैंक ऑफ बड़ौदा
• केनरा बैंक		• बैंक ऑफ इंडिया
• सिण्डिकेट बैंक		• यूनाइटेड बैंक ऑफ इंडिया
• इलाहाबाद बैंक		• सेन्ट्रल बैंक ऑफ इंडिया
• पंजाब नेशनल बैंक		• बैंक ऑफ महाराष्ट्र

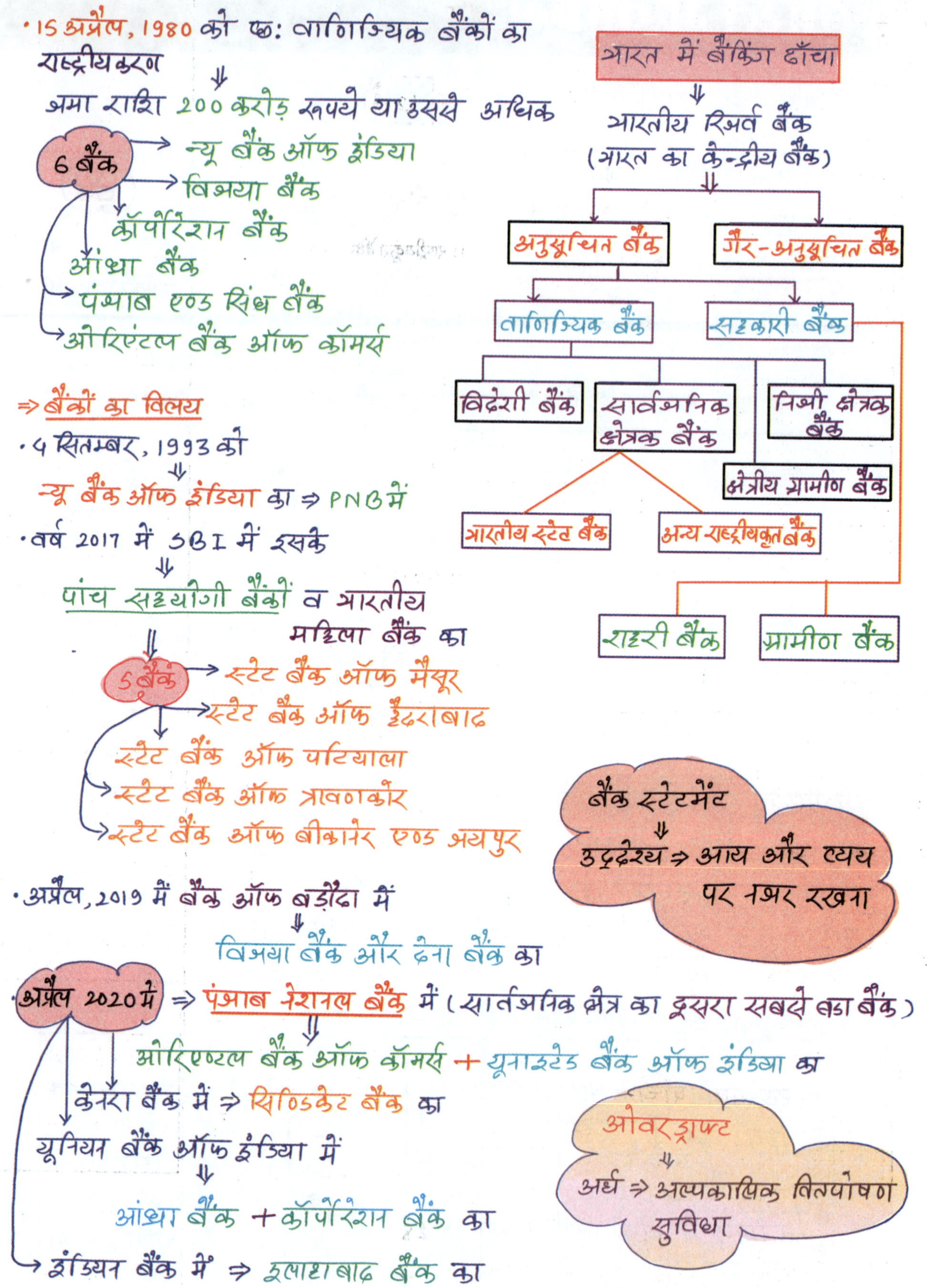
• 15 अप्रैल, 1980 को छ: वाणिज्यिक बैंकों का राष्ट्रीयकरण
जमा राशि 200 करोड़ रूपये या उससे अधिक
6 बैंक
न्यू बैंक ऑफ इंडिया
विजया बैंक
कॉर्पोरेशन बैंक
आंध्रा बैंक
पंजाब एण्ड सिंध बैंक
ओरिएंटल बैंक ऑफ कॉमर्स
⇒ बैंकों का विलय
• 4 सितम्बर, 1993 को
न्यू बैंक ऑफ इंडिया का ⇒ PNB में
• वर्ष 2017 में SBI में इसके
पांच सहयोगी बैंकों व भारतीय महिला बैंक का
5 बैंक
स्टेट बैंक ऑफ मैसूर
स्टेट बैंक ऑफ हैदराबाद
स्टेट बैंक ऑफ पटियाला
स्टेट बैंक ऑफ त्रावणकोर
स्टेट बैंक ऑफ बीकानेर एण्ड जयपुर
• अप्रैल, 2019 में बैंक ऑफ बड़ौदा में
विजया बैंक और देना बैंक का
अप्रैल 2020 में ⇒ पंजाब नेशनल बैंक में (सार्वजनिक क्षेत्र का दूसरा सबसे बड़ा बैंक)
ओरिएण्टल बैंक ऑफ कॉमर्स + यूनाइटेड बैंक ऑफ इंडिया का
केनरा बैंक में ⇒ सिण्डिकेट बैंक का
यूनियन बैंक ऑफ इंडिया में
आंध्रा बैंक + कॉर्पोरेशन बैंक का
इंडियन बैंक में ⇒ इलाहाबाद बैंक का
भारत में बैंकिंग ढाँचा
भारतीय रिजर्व बैंक
(भारत का केन्द्रीय बैंक)
अनुसूचित बैंक
गैर-अनुसूचित बैंक
वाणिज्यिक बैंक
सहकारी बैंक
विदेशी बैंक
सार्वजनिक क्षेत्रक बैंक
निजी क्षेत्रक बैंक
क्षेत्रीय ग्रामीण बैंक
भारतीय स्टेट बैंक
अन्य राष्ट्रीयकृत बैंक
शहरी बैंक
ग्रामीण बैंक
बैंक स्टेटमेंट
उद्देश्य ⇒ आय और व्यय पर नजर रखना
ओवरड्राफ्ट
अर्थ ⇒ अल्पकालिक वित्तपोषण सुविधा

⇒ भारत में सार्वजनिक क्षेत्र के बैंक

11 राष्ट्रीयकृत बैंक
\+
1 भारतीय स्टेट बैंक
⇒ 12 बैंक

⇓

देश का सबसे बड़ा बैंक

बैंक सखी
⇓
बैंकिंग एजेन्ट के रूप में नियुक्त की गई महिला एस एच जी (SHG) सदस्य

11 राष्ट्रीयकृत बैंक

बैंक का नाम	स्थापना/संस्थापक	मुख्यालय	शाखाएँ
पंजाब नेशनल बैंक	19 मई, 1894 लाहौर सार्वजनिक क्षेत्र के बैंक के रूप में दयाल सिंह मजीठिया एवं लाला लाजपत राय द्वारा 12 अप्रैल, 1895 व्यवसायिक कार्य प्रारम्भ	नई दिल्ली	भारत में 12248 विदेशों में केवल एक
केनरा बैंक	1 जुलाई, 1906 मैंगलौर (कर्नाटक में) अम्मेम्बल सुब्बाराव पई द्वारा	बंगलुरु	भारत में 9877 विदेशों में 6
बैंक ऑफ इण्डिया	7 सितम्बर, 1906 रामनारायण रुइया द्वारा	मुम्बई	भारत में 5089 विदेशों में 23
इण्डियन बैंक	5 मार्च, 1907 15 अगस्त, 1907 से कार्य प्रारम्भ एम. रामास्वामी चेट्टियार	चेन्नई	भारत में 5770 विदेशों में 3
पंजाब एण्ड सिंध बैंक	24 जून, 1908 भाई वीर सिंह, सुन्दर सिंह, मजीठिया एवं सरदार तिरलोचन सिंह द्वारा	नई दिल्ली	भारत में 1526
बैंक ऑफ बड़ौदा	20 जुलाई, 1908 बड़ौदा के महाराजा सयाजीराव गायकवाड (तृतीय) द्वारा	वडोदरा (गुजरात) कॉर्पोरेट कार्यालय मुम्बई	भारत में 3454 विदेशों में 86
सेण्ट्रल बैंक ऑफ इण्डिया	21 दिसम्बर, 1911 सर सोराबजी पोचखान वाला द्वारा	मुम्बई	भारत में 4695
यूनियन बैंक ऑफ इण्डिया	11 नवम्बर, 1919 सेठ सीताराम पोद्दार द्वारा उद्घाटन महात्मा गाँधी द्वारा वर्ष 1921	मुम्बई	भारत में 8700 विदेशों में 3
बैंक ऑफ महाराष्ट्र	16 सितम्बर, 1935 वी.जी. काले एवं वी.के. साठे द्वारा	पुणे	भारत में 2240
इण्डियन ओवरसीज बैंक	10 फरवरी, 1937 एम.सीटी.एम चिदम्बरम चेट्टियार	चेन्नई	भारत में 3218 विदेशों में 4
यूको बैंक	6 जनवरी, 1943 घनश्याम दास बिरला	कोलकता	भारत में 230 विदेशों में 2

⇒ क्षेत्रीय ग्रामीण बैंक (Regional Rural Bank - RRB)

- स्थापना ⇒ 2 अक्टूबर, 1975
- एम. नरसिम्हन समिति की सिफारिश पर
- एक साथ पांच → मुरादाबाद, गोरखपुर (उत्तर प्रदेश), भिवानी (हरियाणा), मालदा (पश्चिम बंगाल), जयपुर (राजस्थान)
- वर्तमान में बैंकों की संख्या ⇒ 28 (मई, 2025)
- सिक्किम व गोवा को छोड़कर देश के सभी राज्यों में कार्यरत

श्री महिला सेवा सहकारी बैंक
⇓
- स्थापना ⇒ 1974
- संस्थापक ⇒ इला भट्ट
- HQ - अहमदाबाद

- पूँजी भागीदारी ⇒
  - केन्द्र = 50%
  - राज्य = 15%
  - प्रवर्तक बैंक = 35%
- कार्य ⇒
  - कमजोर वर्ग को कम ब्याज दर में ऋण उपलब्ध कराना
  - ग्रामीण क्षेत्र में बचत को बढ़ावा आदि

⇒ सहकारी बैंक (Co-operative Bank)
- राज्य सहकारी बैंक
- जिला / केन्द्रीय सहकारी बैंक
- प्राथमिक साख समितियाँ

⇒ राज्य सहकारी बैंक (SCBs)
- राज्य का शीर्ष सहकारी बैंक
- केन्द्रीय / जिला सहकारी बैंकों को ऋण उपलब्ध कराना

⇒ केन्द्रीय सहकारी बैंक
- कार्यक्षेत्र एक जिले तक ही सीमित
- राज्य सहकारी बैंक व सहकारी साख समितियों के मध्य सेतु का कार्य

⇒ प्राथमिक साख समितियाँ
- एक गाँव अथवा क्षेत्र में कम-से-कम 10 व्यक्ति मिलकर गठन
- कृषि क्षेत्र की अल्पकालीन ऋणों की आवश्यकता की पूर्ति

⇒ शहरी सहकारी बैंक (UCBs)
- कार्यक्षेत्र महानगरों, शहरी अथवा अर्द्ध शहरी केन्द्रों तक सीमित
- सूक्ष्म, लघु व मध्यम उद्योग, छोटे उद्यमी, खुदरा व्यापारी आदि को ऋण की पूर्ति
- देश में UCB की संख्या ⇒ 1500 (लगभग)

⇒ निजी क्षेत्र के बैंक (Private Bank)

Bank
- आई सी आई सी आई बैंक
- एक्सिस बैंक
- एच.डी.एफ.सी. बैंक
- कोटक महिन्द्रा बैंक
- यस बैंक आदि

- 74% तक विदेशी निवेश की अनुमति
- निजी क्षेत्र के बैंकों की संख्या - 21, जबकि 2 लोकल एरिया बैंक

अग्रणी (लीड) बैंक
- प्रारंभ ⇒ 1969
- गाडगिल समिति के सिफारिश पर
- सेवा क्षेत्रक उपागम के कार्यक्षेत्र के अधीन कार्यान्वित
- प्रमुख बैंक द्वारा निर्धारित जिलों के लिए जिला ऋण योजना बनाया जाना

बहुराज्यीय - सहकारी समिति
⇓
बहुराज्यीय सहकारी समिति अधिनियम, 2002 के तहत पंजीकृत

स्वयं सहायता समूह (SHG)
⇓
- ग्रामीण क्षेत्र में गरीब महिलाओं की आर्थिक स्थिति बेहतर करने में मुख्य योगदान
- बैंक द्वारा SHGs के व्यक्तिगत सदस्यों को ऋण देना

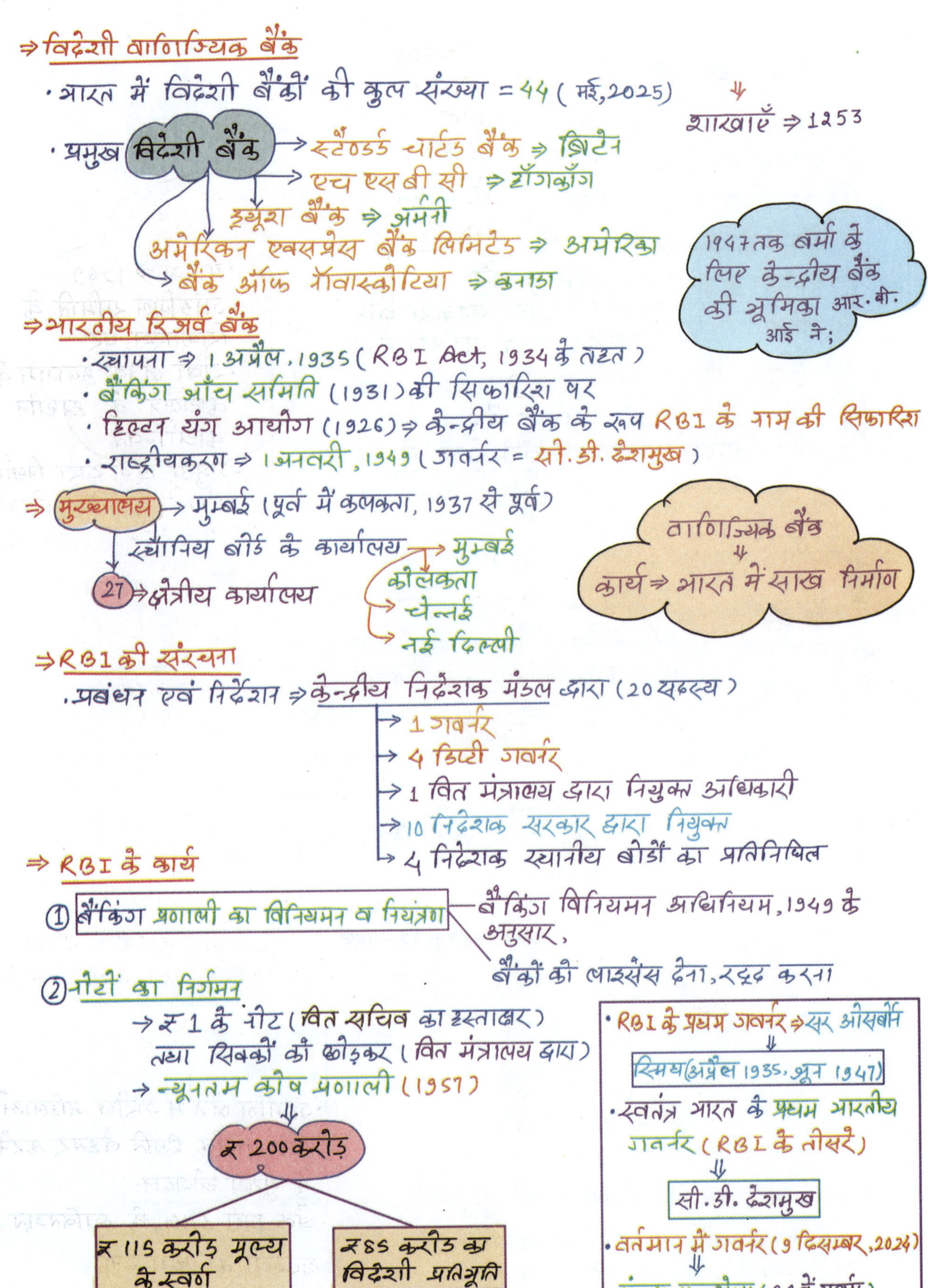
⇒ विदेशी वाणिज्यिक बैंक
• भारत में विदेशी बैंकों की कुल संख्या = 44 (मई, 2025)
शाखाएँ ⇒ 1253
• प्रमुख विदेशी बैंक
स्टैण्डर्ड चार्टर्ड बैंक ⇒ ब्रिटेन
एच एस बी सी ⇒ हाँगकाँग
ड्यूश बैंक ⇒ जर्मनी
अमेरिकन एक्सप्रेस बैंक लिमिटेड ⇒ अमेरिका
बैंक ऑफ नोवास्कोटिया ⇒ कनाडा
1947 तक बर्मा के लिए केन्द्रीय बैंक की भूमिका आर. बी. आई ने;
⇒ भारतीय रिजर्व बैंक
• स्थापना ⇒ 1 अप्रैल, 1935 (RBI Act, 1934 के तहत)
• बैंकिंग जाँच समिति (1931) की सिफारिश पर
• हिल्टन यंग आयोग (1926) ⇒ केन्द्रीय बैंक के रूप RBI के नाम की सिफारिश
• राष्ट्रीयकरण ⇒ 1 जनवरी, 1949 (गवर्नर = सी. डी. देशमुख)
⇒ मुख्यालय → मुम्बई (पूर्व में कलकत्ता, 1937 से पूर्व)
स्थानिय बोर्ड के कार्यालय → मुम्बई
कोलकता
चेन्नई
नई दिल्ली
27 → क्षेत्रीय कार्यालय
वाणिज्यिक बैंक
कार्य ⇒ भारत में साख निर्माण
⇒ RBI की संरचना
. प्रबंधन एवं निर्देशन ⇒ केन्द्रीय निदेशक मंडल द्वारा (20 सदस्य)
→ 1 गवर्नर
→ 4 डिप्टी गवर्नर
→ 1 वित मंत्रालय द्वारा नियुक्त अधिकारी
→ 10 निदेशक सरकार द्वारा नियुक्त
→ 4 निदेशक स्थानीय बोर्डों का प्रतिनिधित्व
⇒ RBI के कार्य
① बैंकिंग प्रणाली का विनियमन व नियंत्रण
बैंकिंग विनियमन अधिनियम, 1949 के अनुसार,
बैंकों को लाइसेंस देना, रद्द करना
② नोटों का निर्गमन
→ ₹ 1 के नोट (वित सचिव का हस्ताक्षर) तथा सिक्कों को छोड़कर (वित मंत्रालय द्वारा)
→ न्यूनतम कोष प्रणाली (1957)
₹ 200 करोड़
₹ 115 करोड़ मूल्य के स्वर्ण
₹ 85 करोड़ का विदेशी प्रतिभूति
• RBI के प्रथम गवर्नर ⇒ सर ओसबोर्न
स्मिथ (अप्रैल 1935, जून 1947)
• स्वतंत्र भारत के प्रथम भारतीय गवर्नर (RBI के तीसरे)
सी. डी. देशमुख
• वर्तमान में गवर्नर (9 दिसम्बर, 2024)
संजय मल्होत्रा (26 वें गवर्नर)

③ बैंकिंग एवं वित्तीय व्यवस्था को विनियमित करना

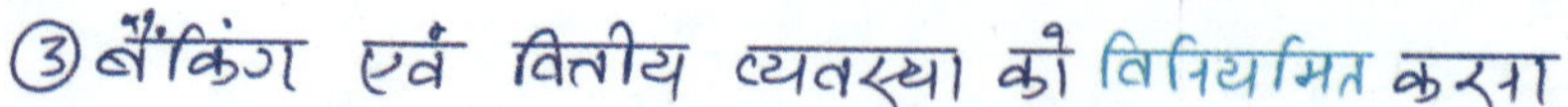

④ IMF, World Bank आदि संस्थाओं में सरकार का नेतृत्व करना

⑤ सरकार के बैंकर के रूप में करना

⑥ साख का नियंत्रण करना

⑦ बैंकों के बैंक रूप में कार्य

⑧ विदेशी मुद्रा भण्डार का संरक्षण

⑨ विदेशी विनिमय दर का नियमन

⑩ मौद्रिक नीति का संचालन करना

⑪ विकासात्मक कार्य

⑫ आँकड़ों का संकलन व प्रकाशन

स्वच्छ नोट नीति

⇓

- घोषणा → RBI द्वारा, 1999
- उद्देश्य ⇒ अच्छी गुणवत्ता के मुद्रा नोट व सिक्के देना।

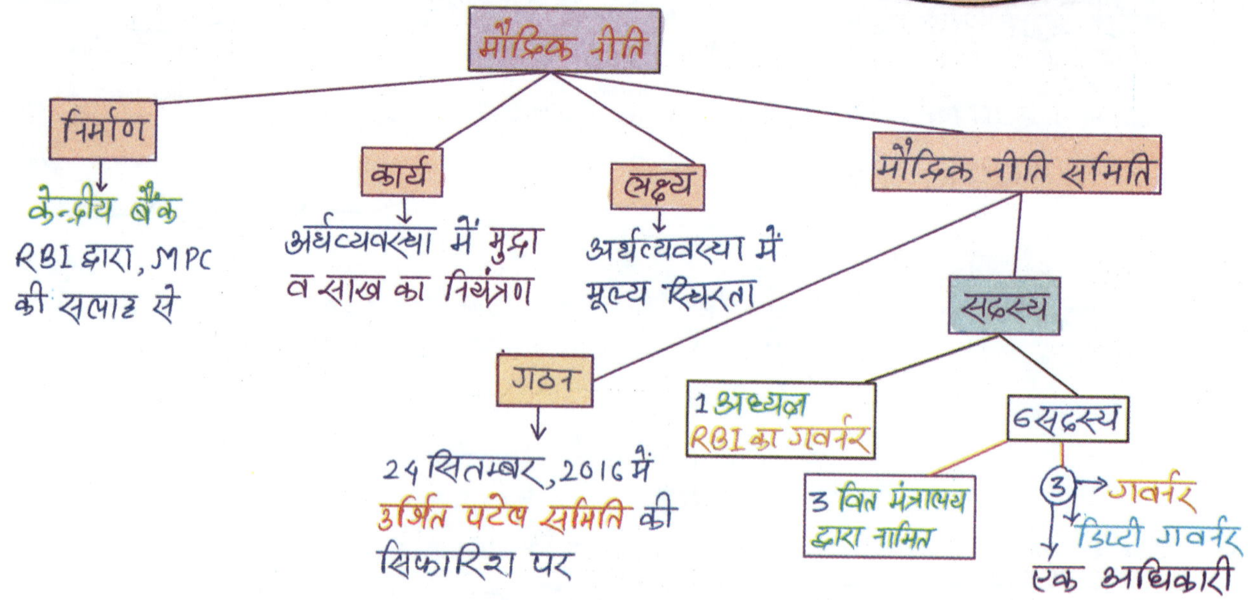

मौद्रिक नीति
निर्माण
केन्द्रीय बैंक
RBI द्वारा, MPC की सलाह से
कार्य
अर्थव्यवस्था में मुद्रा व साख का नियंत्रण
लक्ष्य
अर्थव्यवस्था में मूल्य स्थिरता
मौद्रिक नीति समिति
गठन
24 सितम्बर, 2016 में उर्जित पटेल समिति की सिफारिश पर
सदस्य
1 अध्यक्ष RBI का गवर्नर
6 सदस्य
3 वित्त मंत्रालय द्वारा नामित
③ → गवर्नर
डिप्टी गवर्नर
एक अधिकारी

भारत में प्रतिभूति मुद्रण के संस्थान

प्रतिभूति मुद्रण	स्थान	सामग्री
करेन्सी प्रेस नोट (1928)	नासिक (महाराष्ट्र)	बैंक नोट ₹ 1 से ₹ 100 तक
सिक्योरिटी पेपर मिल (1967-68)	नर्मदापुरम (मध्य प्रदेश)	बैंक और करेन्सी नोट कागज
बैंक नोट प्रेस (1974)	देवास (मध्य प्रदेश)	बैंक नोट ₹ 20, ₹ 50, ₹ 100, ₹ 200 और ₹ 500
सिक्योरिटी प्रिन्टिंग प्रेस (1982)	हैदराबाद (तेलंगाना)	केन्द्रीय उत्पाद शुल्क स्टाम्प
इण्डिया सिक्योरिटी प्रेस (1992)	नासिक (महाराष्ट्र)	डाक टिकट, पोस्टल ऑर्डर, सभी सरकारी पत्र आदि।
आधुनिक नोट मुद्रा प्रेस (1995)	मैसूर (कर्नाटक) और शालबनी (पश्चिम बंगाल)	आधुनिक करेन्सी नोट

नोट भारतीय सिक्के मुम्बई, कोलकाता, हैदराबाद और नोएडा में बनाए जाते हैं।

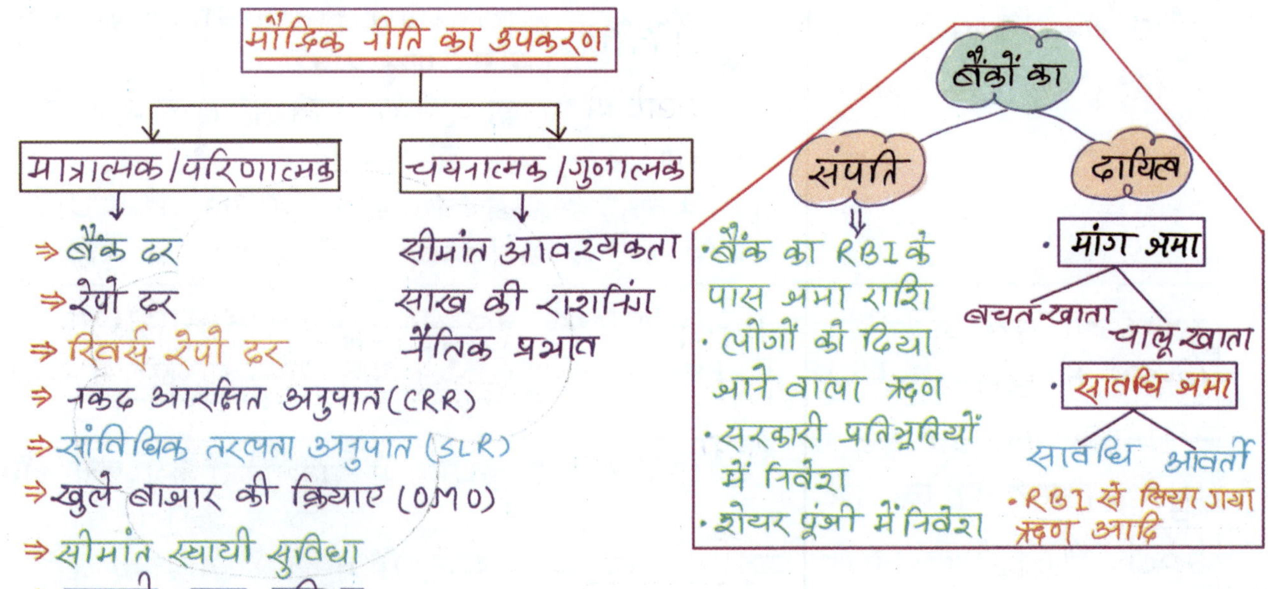

⇒ स्थायी जमा सुविधा
⇒ तरलता प्रबंधन फ्रेमवर्क (LMF)
⇒ तरलता समायोजन सुविधा (LAF)
⇒ आधार दर (Base Rate)

मात्रात्मक उपकरण	प्रमुख तथ्य
बैंक दर (Bank Rate)	• RBI बैंकों को दीर्घकालीन ऋण बैंकों की प्रथम श्रेणी की प्रतिभूति पर • RBI को ब्याज प्राप्त • मुद्रास्फीति की स्थिति में बैंक दर में वृद्धि • मुद्रासंकुचन की स्थिति में बैंक दर में कमी
रेपो दर (Repo Rate)	• RBI द्वारा जिस दर पर बैंकों को अल्पकालीन ऋण • रेपो दर में वृद्धि ⇒ बैंकों के पास तरलता में कमी • रेपो दर में कमी ⇒ बैंकों के पास तरलता में वृद्धि
रिवर्स रेपो दर (Reverse Repo Rate)	• रेपो दर के विपरीत • वाणिज्यिक बैंक जिस ब्याज दर पर RBI के पास अतिरिक्त धन जमा/ऋण ब्याज दर ⇒ वाणिज्य बैंक को ब्याज मिलता है। • रिवर्स रेपो दर में वृद्धि ⇒ अर्थव्यवस्था में तरलता में कमी • रिवर्स रेपो दर में कमी ⇒ अर्थव्यवस्था में तरलता में वृद्धि

सांविधिक तरलता अनुपात (Statutory Liquidity Ratio-SLR)	• व्यापारिक बैंकों द्वारा अपनी NDTL का (न्यूनतम 25% अधिकतम 40%) अपने पास रखना • सोना, विदेशी मुद्रा या स्वीकृत प्रतिभूतियों के रूप में • वर्ष 2007 में न्यूनतम सीमा समाप्त • SLR में वृद्धि ⇒ अर्थव्यवस्था में तरलता में कमी • SLR में कमी ⇒ अर्थव्यवस्था में तरलता में वृद्धि
नकद आरक्षित अनुपात (Cash Reserve Ratio)	• सभी वाणिज्यिक बैंक अपनी कुल जमा राशि (NDTL) का निश्चित भाग RBI के पास नकद के रूप में रखना • यह ⇒ 3-20% के मध्य
खुले बाजार की क्रियाएँ Open Market Opration	• केन्द्रीय बैंक द्वारा बाजार में प्रतिभूतियों ऋण पत्रों आदि का क्रय-विक्रय • क्रय करने पर ⇒ बाजार में मुद्रा की मात्रा में वृद्धि (मुद्रा संकुचन में) • विक्रय करने पर ⇒ बाजार में मुद्रा की मात्रा में कमी (मुद्रास्फीति में)
सीमांत स्थायी सुविधा	RBI द्वारा बैंकों को अल्पकालीन ऋण
स्थायी जमा सुविधा (Standing Deposit Facility)	• 8 अप्रैल, 2022 से लागू • RBI द्वारा बैंकों को अल्पकालीन ऋण • दर ⇒ रेपो से 25 आधारित बिन्दु कम (0.25 कम)
तरलता प्रबंधन फ्रेमवर्क	• प्रारंभ 2014, संशोधन 2020 में • बैंक का रेपो आधार NDTL का दिन में 1% से अधिक नहीं • कोई बैंक NDTL का 1% से अधिक उधार नहीं ले सकता
तरलता समायोजन सुविधा	• इसके अंतर्गत रेपो / रिवर्स • इसे वर्ष 2000 में अपनाया गया
आधार दर (Base Rate)	• वर्ष 2010 में लागू (RBI द्वारा) • बैंक इससे कम दर पर उधार नहीं देगा
बाह्य बेंचमार्क आधारित उधार दर (EBLR)	• RBI द्वारा 2018 में बैंकों द्वारा अपनी आधार दर निर्धारित हेतु केवल EBLR का प्रयोग चार विकल्प → 91 दिवसीय ट्रेजरी बिल ब्याज दर → रेपो दर → 182 दिवसीय ट्रेजरी बिल ब्याज दर → वित्तीय बेंचमार्क इंडिया प्राइवेट लिमिटेड द्वारा बनाई गई अन्य बेंचमार्क

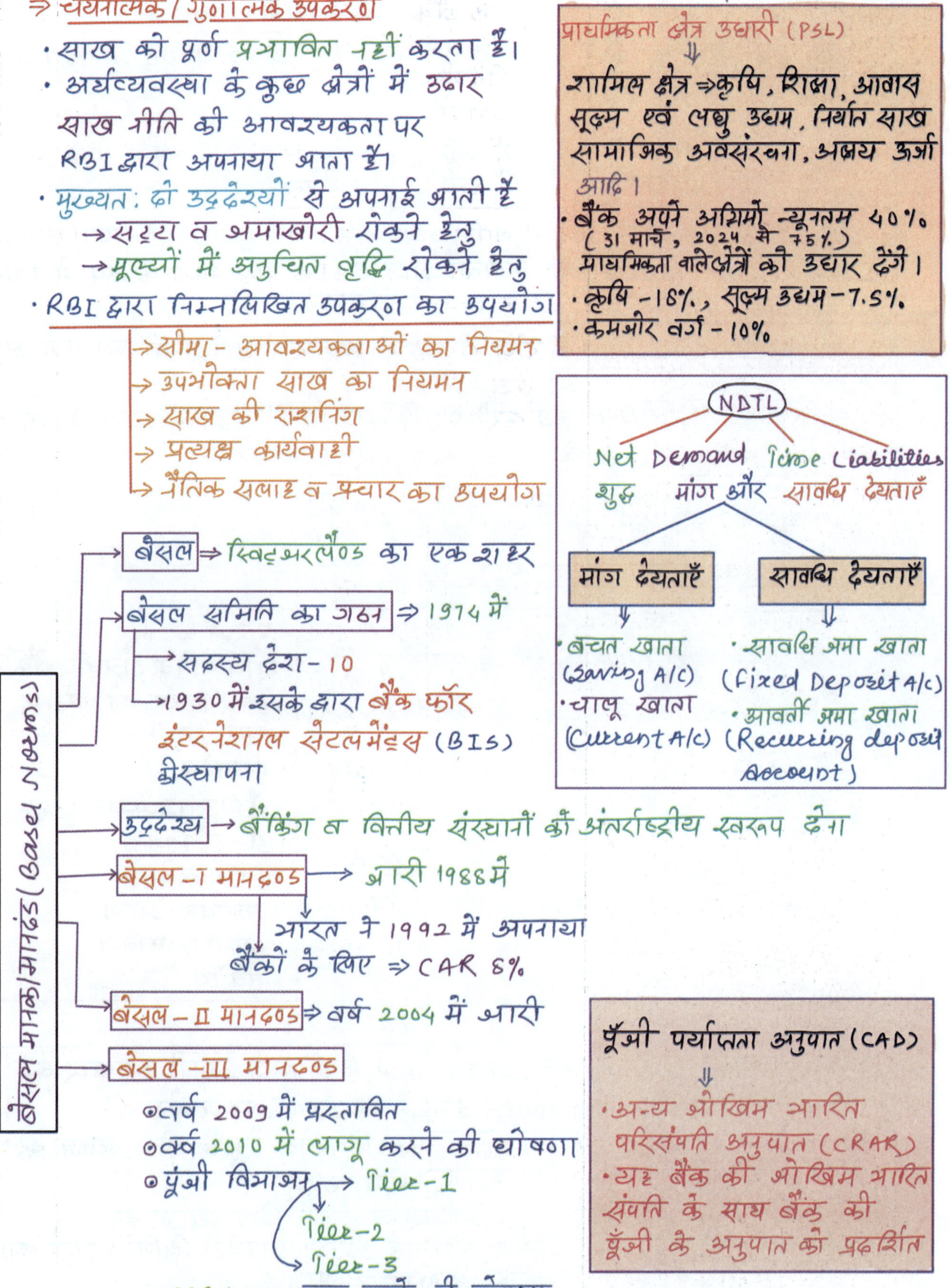
⇒ चयनात्मक / गुणात्मक उपकरण
• साख को पूर्ण प्रभावित नहीं करता है।
• अर्थव्यवस्था के कुछ क्षेत्रों में उधार साख नीति की आवश्यकता पर RBI द्वारा अपनाया जाता है।
• मुख्यतः दो उद्देश्यों से अपनाई जाती है
→ सट्टा व जमाखोरी रोकने हेतु
→ मूल्यों में अनुचित वृद्धि रोकने हेतु
• RBI द्वारा निम्नलिखित उपकरण का उपयोग
→ सीमा - आवश्यकताओं का नियमन
→ उपभोक्ता साख का नियमन
→ साख की राशनिंग
→ प्रत्यक्ष कार्यवाही
→ नैतिक सलाह व प्रचार का उपयोग
प्राथमिकता क्षेत्र उधारी (PSL)
शामिल क्षेत्र ⇒ कृषि, शिक्षा, आवास सूक्ष्म एवं लघु उद्यम, निर्यात साख सामाजिक अवसंरचना, अक्षय ऊर्जा आदि।
• बैंक अपने अग्रिमों न्यूनतम 40% (31 मार्च, 2024 से 75%) प्राथमिकता वाले क्षेत्रों को उधार देंगे।
• कृषि - 18%, सूक्ष्म उद्यम - 7.5%
• कमजोर वर्ग - 10%
NDTL
Net Demand Time Liabilities
शुद्ध मांग और सावधि देयताएँ
मांग देयताएँ
सावधि देयताएँ
• बचत खाता (Saving A/C)
• चालू खाता (Current A/C)
• सावधि जमा खाता (Fixed Deposit A/c)
• आवर्ती जमा खाता (Recurring deposit Account)
बेसल मानक/मानदंड (Basel Norms)
बेसल ⇒ स्विट्जरलैंड का एक शहर
बेसल समिति का गठन ⇒ 1974 में
→ सदस्य देश - 10
→ 1930 में इसके द्वारा बैंक फॉर इंटरनेशनल सेटलमेंट्स (BIS) की स्थापना
उद्देश्य → बैंकिंग व वित्तीय संस्थानों को अंतर्राष्ट्रीय स्वरूप देना
बेसल - I मानदंड → जारी 1988 में
भारत ने 1992 में अपनाया
बैंकों के लिए ⇒ CAR 8%
बेसल - II मानदंड ⇒ वर्ष 2004 में जारी
बेसल - III मानदंड
• वर्ष 2009 में प्रस्तावित
• वर्ष 2010 में लागू करने की घोषणा
• पूंजी विभाजन → Tier-1
Tier-2
Tier-3
• CAR ⇒ 12% बनाए रखने की घोषणा
पूँजी पर्याप्तता अनुपात (CAD)
• अन्य जोखिम भारित परिसंपत्ति अनुपात (CRAR)
• यह बैंक की जोखिम भारित संपत्ति के साथ बैंक की पूँजी के अनुपात को प्रदर्शित

⇒ गैर-निष्पादित परिसंपत्तियाँ (Non-Performing Assets-NPA)

- बैंक द्वारा दिए गए सभी ऋण जिस पर 90 दिनों में ब्याज एवं मूलधन की किस्त का भुगतान न हुआ हो
  ⇓
  NPA की श्रेणियाँ
  → सब स्टैंडर्ड संपत्तियाँ
  → संदिग्ध संपत्तियाँ (Doubtful)
  → हानि वाली संपत्तियाँ

वर्ष 2024 में NPA ⇓ 2.8%

⇒ इरादतन चूककर्ता (Willful Defaulter)

⇓

ऋण चुकाने में समर्थ होने के बावजूद जान-बूझकर ऋण नहीं चुकाना

⇒ शोधन अक्षमता / दिवाला और दिवालियापन संहिता, 2016

⇓

दिवालियापन संबंधी मामलों का 180 दिन में निपटान

⇒ सरफेसी अधिनियम (SARFAESI, Act 2002)

⇓

जानबूझकर ऋण नहीं चुकाने वाले से निपटने हेतु

⇒ वित्तीय सेवा संस्थान ब्यूरो (FSIB)

- स्थापना ⇒ जुलाई 2022
- बैंक बोर्ड ब्यूरो (BBB)-2016 के स्थान पर
- बैंकों और बीमा कम्पनियों के चयन करने हेतु

इन्द्रधनुष योजना

⇓

- प्रारंभ ⇒ 2015
- सार्वजनिक क्षेत्र के बैंकों के कामकाज को बेहतर बनाने हेतु
- नियुक्ति
- कैपिटलाइज़ेशन
- डी-स्ट्रेसिंग
- एम्पावरमेंट
- फ्रेमवर्क ऑफ अकाउन्टेबिलिटी
- गवर्नेंस

⇒ बैंकिंग लोकपाल / ऑम्बुड्समैन

- स्थापना ⇒ 14 जून, 1995
- RBI के नियंत्रण में
- भारत में कार्यरत देशी व विदेशी बैंकों से संबंधित विवादों का शीघ्र निपटान

⇒ अन्य सूक्ष्म वित्त बैंक

Ⓐ लघु वित्त बैंक

- RBI द्वारा स्वीकृति अगस्त, 2015
- समिति- नचिकेत मोर, उषा थोरात
- जमा स्वीकार करना
- उधार देना
- जमा की कोई सीमा नहीं

Ⓑ भुगतान बैंक

- RBI द्वारा स्वीकृति जुलाई 2014
- नचिकेत मोर समिति
- केवल जमा स्वीकार
- केवल डेबिट कार्ड जारी
- ₹2 लाख रुपये तक जमा

बंधन फाइनेंस सर्विसेज

स्थापना ⇒ 2001

मुख्यालय = कोलकाता

⇒ इंडिया पोस्ट पेमेन्ट्स बैंक

- प्रारंभ ⇒ 1 सितम्बर, 2018
- सुलभ, किफायती, भरोसेमंद बैंकिंग सुविधाएँ उपलब्ध कराना

⇒ मुद्रा बैंक (माइक्रो यूनिट्स डेवलपमेंट एण्ड रिफाइनेन्स एजेंसी बैंक लिमिटेड)

- प्रारंभ ⇒ 2015
- तीन श्रेणी में ऋण
  - → शिशु ⇒ ₹ 50000 तक
  - → किशोर ⇒ ₹ 50 हजार से अधिक ₹ 5 लाख तक
  - → तरुण ⇒ ₹ 5 लाख से ₹ 10 लाख तक

तरुण (+ प्लस) ⇒ पूर्ववर्ती भुगतान उपरांत ₹ 20 लाख तक ऋण के लिए मान्य

⇒ गैर-बैंकिंग वित्तीय कम्पनियां (NBFC)

- कम्पनी अधिनियम, 1956 के अंतर्गत पंजीकृत कंपनियाँ
- मुख्य कार्य ⇒ ऋण उपलब्ध कराना
- NBFC → जमा स्वीकार करने वाली NBFC-D (मांग जमा स्वीकार नहीं) — RBI में पंजीकरण आवश्यक

जमा नहीं स्वीकार करने वाली NBFC-ND

- विनियमन RBI द्वारा — RBI में पंजीकरण आवश्यक नहीं
- SLR, CRR बनाये रखने की आवश्यकता नहीं

माइक्रोफाइनेंस / सूक्ष्म वित

स्थापना ⇒ माइक्रोफाइनेंस इंस्टीट्यूशंस नेटवर्क

- शब्द का पहली बार प्रयोग ⇒ मुहम्मद यूनुस, 1977
- अवधि ⇒ 36 महीने
- ₹ 1 लाख से कम सूक्ष्मवित
- दाता निधि पर निर्भरता
- बेरोजगार / कम आय वाले व्यक्तियों या समूहों को बैंकिंग सेवाएं प्रदान करना, जिनके पास वित्तीय सेवाएँ तक पहुंच नहीं।

प्रमुख वित्तीय संस्थान

वित्तीय संस्थान	मुख्यालय	उद्देश्य/लक्ष्य
• भारतीय औद्योगिक वित्त निगम लिमिटेड (IFCI) 1948	नई दिल्ली	• देश के औद्योगिक प्रतिष्ठानों के लिए मध्यकालीन एवं दीर्घकालीन साख की व्यवस्था करना
• राज्य वित्त निगम (SFC) 1951		• राज्यों के छोटे एवं मध्यम उद्यमों का उन्नयन करना
• भारतीय औद्योगिक ऋण तथा निवेश निगम लिमिटेड (ICICI) 1955	मुम्बई	• निजी क्षेत्रों के लघु तथा मध्यम उद्योगों का विकास
• जीवन बीमा निगम (LIC) 1956	मुम्बई	• बीमा सुविधा उपलब्ध कराना
• भारतीय औद्योगिक विकास बैंक लिमिटेड (IDBI) 1964	मुम्बई	• औद्योगिक उद्यमों को वित्तीय सहायता प्रदान करना
• भारतीय यूनिट ट्रस्ट (UTI) 1964 (एक्सिस बैंक)		• लघु एवं मध्यम उद्योगों में निवेश
• भारतीय आयात-निर्यात बैंक (EXIM Bank) 1982	मुम्बई	• आयात-निर्यात की वित्तीय आवश्यकताओं की पूर्ति करना
• राष्ट्रीय कृषि तथा ग्रामीण विकास बैंक (NABARD),1982	मुम्बई	• कृषि एवं ग्रामीण विकास के लिए वित्त उपलब्ध कराना • नाबार्ड द्वारा ₹100 करोड़ के कोष के साथ सूक्ष्म वित विकास निधि की स्थापना
• राष्ट्रीय आवास बैंक (NHB)1988	नई दिल्ली	• आवास सम्बन्धी वित्त की व्यवस्था करना
• भारतीय लघु उद्योग विकास बैंक (SIDBI) 1990	लखनऊ	• लघु उद्योगों को सुविधा उपलब्ध कराना

09 मुद्रा एवं पूँजी बाजार (वित्तीय बाजार)

क्रेता एवं विक्रेता प्रतिभूतियों, ऋण पत्रों, बॉण्ड्स का क्रय-विक्रय

मुद्रा बाजार | पूंजी बाजार

⇒ मुद्रा बाजार (Money Market)

⇓

1 वर्ष या इससे कम अवधि की परिपक्वता वाले वित्तीय संपत्तियों का क्रय विक्रय

⇒ अविलम्ब मुद्रा बाजार (Call Money Market)

- मुद्रा की मांग अति अल्पकाल के लिए
  ⇓
  कुछ घण्टों से 14 दिनों तक
- कॉल मनी – 1 दिन की परिपक्वता अवधि वाले ऋण
- सूचना (Notice) मनी ⇒ 2 से 14 दिन की परिपक्वता वाले ऋण
- टर्म मनी (Term Money) ⇒ 15 से 365 दिन की परिपक्वता वाले ऋण

मुद्रा बाजार के प्रमुख उपकरण

वाणिज्यिक बिल	वाणिज्यिक प्रपत्र	जमा प्रमाण पत्र	ट्रेजरी बिल (TB)
• प्रारंभ ⇒ 1990 • परिपक्वता अवधि 30, 60, 90 दिन • उपयोग → अखिल भारतीय वित्तीय संस्थान → अनुसूचित वाणिज्यिक बैंक → NBFC	• एक वचन पत्र के रूप में जारी • प्रारंभ ⇒ वर्ष 1990 • न्यूनतम राशि ⇓ ₹ 1 करोड़ • परिपक्वता अवधि ⇓ 7 दिन से 1 वर्ष तक • जारी–पूँजी बाजार में सूचीबद्ध कम्पनी कर्मचारी पूंजी 4 करोड़ रूपये • 5 लाख के गुणज में जारी	• पहली बार – न्यूयॉर्क, 1960 के दशक में • भारत में प्रारंभ ⇒ 1989 • जारीकर्ता → वाणिज्यिक बैंक → क्षेत्रीय ग्रामीण बैंक → लघु वित्त बैंक → 1 लाख के गुणकों में जारी (2021 से)	• एक प्रतिज्ञा पत्र • RBI द्वारा. इसकी तरलता अत्यधिक • अंकित मूल्य से कम पर जारी • प्रकार → 91 दिवसीय → 182 दिवसीय → 364 दिवसीय ⇓ 1997-98 में 14 और 28 दिवसीय जारी

⇒ पूँजी बाजार (Capital Market) → प्राथमिक बाजार, द्वितीयक बाजार

- दीर्घकालीन (1 वर्ष से अधिक अवधि के) कोष का बाजार
- इसमें शेयर (प्रतिभूति, बॉण्ड, डिबेन्चर, म्यूचुअल फंड) के माध्यम से दीर्घकालिक पूंजी का लेन-देन

⇒ प्राथमिक बाजार (Primary Market)

- इसमें प्रतिभूतियों का पहली बार विक्रय
- नये निर्गमनों से संबंधित बाजार
- घरेलू व विदेशी दोनों प्रकार के कोषों की उगाही

घरेलू → कंपनियों के द्वारा निर्गमित समता अंश
→ सरकार व वित्तीय मध्यस्थों द्वारा निर्गमित ऋण प्रपत्र

विदेशी → ग्लोबल डिपोजिटरी रसीद (GDR)
→ अमेरिकन डिपोजिटरी रसीद (ADR)
→ विदेशी वाणिज्यिक उधारी

IPO – Initial Public Offer
⇓
- नई स्थापित होने वाली कम्पनियों द्वारा पहली बार जारी शेयर
- कम्पनी शेयर बाजार में सूचीबद्ध

FPO – Follow on Public Offer
⇓
स्टॉक एक्सचेंज कम्पनियाँ पूँजी प्राप्त करने के उद्देश्य से अब अतिरिक्त शेयर जारी करें।

⇒ द्वितीयक बाजार (Secondary Market)

- इसमें पूर्व में/पुरानी निर्गमित प्रतिभूतियों का व्यापार
- कानून के अधीन कार्य करने वाले पंजीकृत स्टॉक एक्सचेंज
- पूँजी निर्माण का सृजन नहीं
- शामिल संस्थाएँ → पारस्परिक कोष (Mutual fund)
→ वित्तीय संस्थान
→ शेयर दलाल आदि

⇒ गिल्ट-एज्ड-बाजार

- रिजर्व बैंक द्वारा सरकारी अर्द्ध-सरकारी प्रतिभूतियों का क्रय-विक्रय
- यह जोखिम मुक्त होता है।

⇒ शेयर बाजार

- द्वितीय बाजार के लिए प्रयुक्त शब्द
- अंशों, ऋण पत्रों, बॉण्ड्स तथा सरकारी प्रतिभूतियों का क्रय-विक्रय

⇒ बॉम्बे स्टॉक एक्सचेंज (BSE)

- 1875 में स्थापना (प्रेमचंद रायचंद)
- दलाल स्ट्रीट में स्थित
- एशिया का सबसे पुराना

- दक्षिण एशिया का सबसे बड़ा
- पब्लिक लिमिटेड कंपनी का दर्जा 19 अगस्त, 2005 को
- सेंसेक्स (SENSEX) सूचकांक का निर्माण -1986
  ⇓
  बाजार की प्रवृत्तियों और दिशा को व्यक्त करने का सबसे प्रमुख सूचकांक

⇒ **राष्ट्रीय शेयर बाजार (NSE)**
- वर्ष 1992 में स्थापना
  ⇓
  फेरवानी समिति की सिफारिश पर (1991)
- मुख्यालय ⇒ वर्ली (दक्षिणी मुम्बई)
- प्रमुख प्रवर्तक ⇒ भारतीय औद्योगिक विकास बैंक (IDBI)
- भारत का सबसे बड़ा, तकनीकी रूप से अग्रणी स्टॉक एक्सचेंज

⇒ **मिबोर एवं मिबिड (MIBOR and MIBID)**
- राष्ट्रीय शेयर बाजार की रेफरेन्स दरें
- अंतर बैंक कॉल मनी मार्केट ऋण के लिए
- मिबोर (Mumbai Inter Bank Offer Rate)
- मिबीड (Mumbai Inter Bank Bid Rate)
- LIBOR ⇒ London Inter Bank Offered Rate)
  ⇓
  वैश्विक बेंचमार्क के रूप में सम्पूर्ण विश्व में प्रयोग

⇒ **निफ्टी (Nifty) 50**
- NSE द्वारा जारी प्रमुख सूचकांक
- NSE में सूचीबद्ध पहली 50 कंपनियों के आधार पर

⇒ **ओवर द काउण्टर एक्सचेंज ऑफ इंडिया**
- वर्ष 1992 में मुम्बई में स्थापित
- लघु व मध्यम औद्योगिक इकाइयों के एक्सचेंज के रूप में
- प्रथम ऑनलाइन ट्रेडिंग सुविधा सम्पन्न कम्प्यूटराइज्ड एक्सचेंज

⇒ **ग्रीनेक्स**
- प्रारंभ फरवरी, 2012 (BSE द्वारा)
- देश का पहला पर्यावरण अनुकूल शेयर मूल्य सूचकांक

विश्व में स्टॉक एक्सचेंज
⇓
- विश्व का प्रथम एक्सचेंज बेल्जियम (तत्कालीन नीदरलैंड्स का हिस्सा) एंटवर्प शहर में (1631)
- आधुनिक युग का पहला स्टॉक एक्सचेंज - फिलाडेल्फिया 1970 (संयुक्त राज्य अमेरिका)

भारत में कुल 7 सक्रिय तथा 19 अन्य शेयर बाजार

भारत में म्यूचुअल फण्ड
⇓
- यूनिट ट्रस्ट ऑफ इंडिया (UTI)-1964
- अमेरिका के US 64 योजना पर आधारित
- भारत का सबसे बड़ा (MF)

अमेरिकी स्टॉक एक्सचेंज (नासडक) में सूचीबद्ध होने वाली प्रथम भारतीय कम्पनी ⇒ इन्फोसिस

⇒ वायदा कारोबार

⇓

इसमें कमोडिटीज/कच्चा तेल, खाद्य पदार्थ, धातुओं का व्यापार

⇒ भारत के चार कॉमोडिटी एक्सचेंज
- → मल्टी कॉमोडिटी एक्सचेंज (मुम्बई)
- → इंडिया कॉमोडिटी एक्सचेंज (गुरुग्राम)
- → नेशनल मल्टी कॉमोडिटी एक्सचेंज (अहमदाबाद)
- ↓ नेशनल कॉमोडिटी एण्ड डेरीवेटिव्स एक्सचेंज (मुम्बई)

⇒ विश्व के प्रमुख शेयर मूल्य सूचकांक

शेयर मूल्य सूचकांक	स्टॉक एक्सचेंज
नास्डाक	अमेरिका
फ्रैंकफर्ट, मिड डेक्स	जर्मनी
बोवेस्पा	ब्राजील
मिब्टेल	इटली
शंघाई कॉम	चीन
सैट	थाइलैंड
निक्की	टोकियो
डो जोन्स	न्यूयॉर्क
कोस्पी	कोरिया
सेंसेक्स	मुम्बई
हॉग सैंग	हॉगकॉग
तेन	ताइवान
सी एन एक्स निफ्टी	दिल्ली

पहला अंतर्राष्ट्रीय स्टॉक एक्सचेंज

⇓

- जनवरी 2017 गाँधीनगर
- 22 घण्टे कार्य
- अंतर्राष्ट्रीय निवेशक एवं प्रवासी भारतीय विश्व में से भी ट्रेडिंग

⇒ भारतीय प्रतिभूति एवं विनिमय बोर्ड (सेबी)

- एक गैर-संवैधानिक संस्था
- स्थापना ⇒ 12 अप्रैल, 1988
- वैधानिक दर्जा 30 जनवरी, 1992 (दामोदरन समिति)
- मुख्यालय – मुम्बई (क्षेत्रीय ⇒ चेन्नई, दिल्ली, कोलकाता)
- शेयर बाजार में होने वाले कारोबार को नियंत्रित एवं विनियमित
- शेयर बाजार को मान्यता प्रदान करना
- प्रवर्तक → IDBP, → PCPCI, ↓ IFCI
- अगस्त, 2008 से सर्वप्रथम (NSE) द्वारा विदेशी मुद्रा के वायदा कारोबार की स्वीकृति
- सितम्बर, 2015 में फारवर्ड मार्केट कमीशन (FMC) का सेबी में विलय

⇒ बीमा क्षेत्र (Insurance Sector) ⇒ FDI (100%)

⇓

भारत की प्रथम जीवन बीमा कम्पनी

⇓

ओरिएण्टल सोसायटी (1818)

इनसाइडर ट्रेडिंग

⇓

- शेयर बाजार से संबंधित
- किसी कंपनी के कर्मचारी द्वारा आंतरिक गोपनीय सुचनाओं का उपयोग कर शेयर बाजार में क्रय विक्रय

⇒ भारतीय जीवन बीमा निगम

- स्थापना ⇒ 1 सितम्बर, 1956
- मुख्यालय ⇒ मुम्बई

⇒ भारतीय साधारण बीमा निगम (GIC) → स्थापना ⇒ 22 जनवरी, 1972

→ चार सहायक कम्पनी

→ नेशनल इन्श्योरेन्स कम्पनी लिमिटेड

→ ओरिएण्टल इंश्योरेन्स कम्पनी लिमिटेड

→ न्यू इंडिया इंश्योरेन्स कम्पनी लिमिटेड

→ युनाइटेड इंडिया एश्योरेन्स कम्पनी लिमिटेड

⇒ सामाजिक सुरक्षा कोष

- स्थापना ⇒ 1988-89 में
- सामाजिक सुरक्षा सामूहिक बीमा योजना हेतु
- जनश्री बीमा योजना ⇒ 10 अगस्त, 2000
- स्वास्थ्य बीमा पॉर्टेबिलिटी ⇒ अक्टूबर, 2011

⇒ भारतीय बीमा विनियामक और विकास प्राधिकरण (IRDAI)

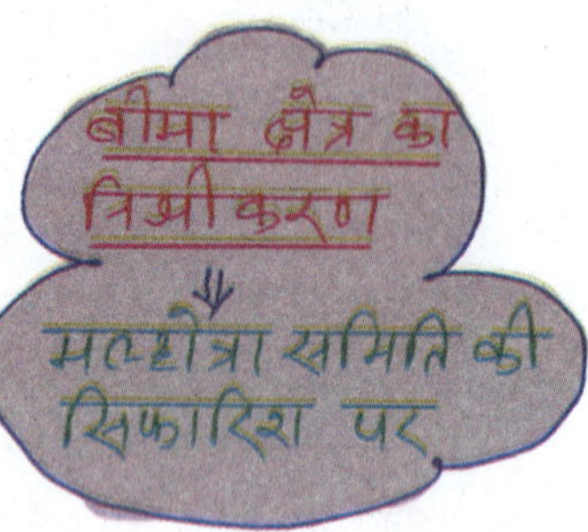

- IRDA अधिनियम, 1999 के तहत 19 अप्रैल, 2000
- वर्ष 2014 में IRDA का नामकरण IRDAI हुआ।
- मुख्यालय ⇒ हैदराबाद
- बीमा पॉलिसीधारक के हितों की रक्षा करना
- बीमा उद्योग को व्यवस्थित व विनियमित

10 राजकोषीय नीति एवं बजट (लोकवित्त)

⇒ लोकवित्त (Public finance)

- सरकार के आय और व्यय से संबंधित सभी क्रियाएँ का अध्ययन
- राजकोषीय नीति
- वित्तीय प्रशासन
- सार्वजनिक ऋण आदि सम्मिलित

⇒ राजकोषीय नीति

- प्रारंभ ⇒ 1936 (कीन्स द्वारा सार्वजनिक व्यय पर बल)
- सार्वजनिक आय, व्यय, ऋण संबंधी आर्थिक क्रियाओं व दीर्घ प्रबंधन से संबंधित

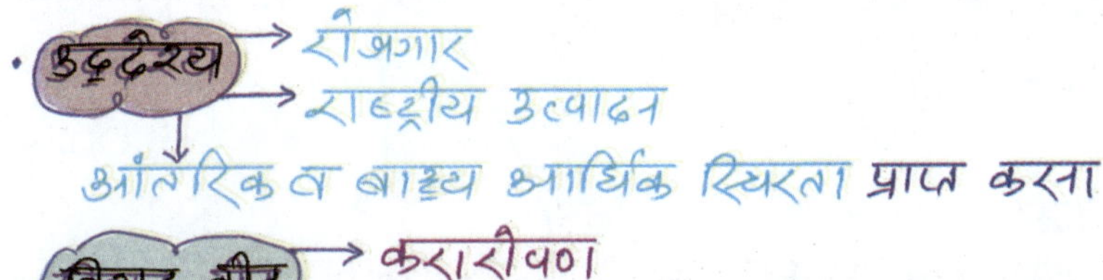

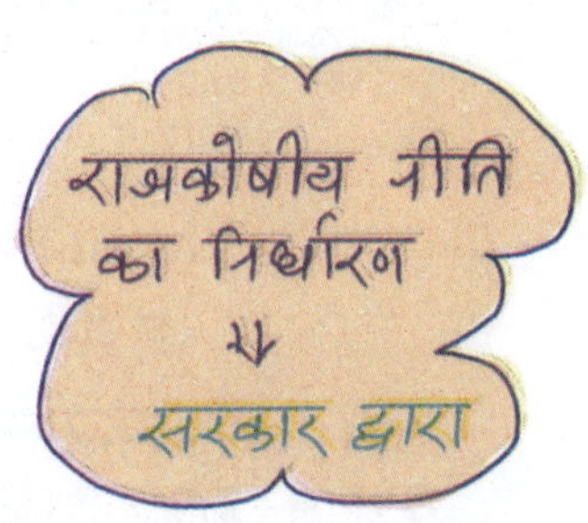

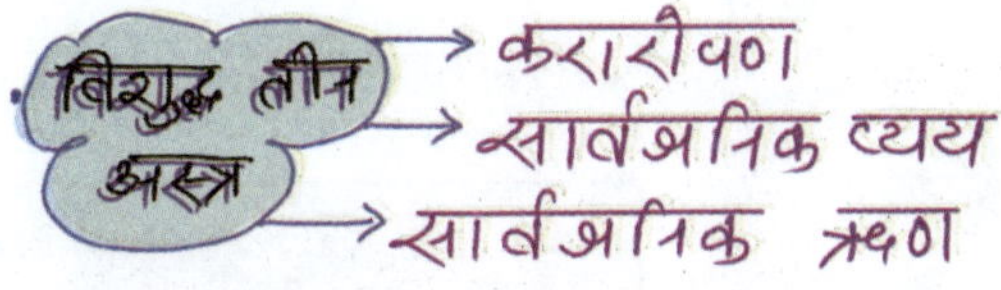

⇒ राजकोषीय नीति का प्रभाव

⇓

बजट, करारोपण सार्वजनिक व्यय व ऋण के माध्यम से

बजट (Budget)

⇒ बजट (Budget)

- सरकार के व्यय एवं प्राप्तियों का विवरण (एक वित्तीय वर्ष 1 अप्रैल - 31 मार्च)
- संविधान में बजट शब्द का उल्लेख नहीं
- अनुच्छेद-112 में वार्षिक वित्तीय विवरण का उल्लेख (संघीय बजट)
- राज्य का वार्षिक वित्तीय विवरण (अनुच्छेद - 202)
- बजट में आँकड़े
  - विगत वर्ष के अंतिम आँकड़े
  - चालू वित्त वर्ष के संशोधित आँकड़े
  - अगामी वित्त वर्ष के प्रस्तावित अनुमान

⇒ बजटीय इतिहास

- बजट शब्द की उत्पत्ति, फ्रांसीसी शब्द बुजे (चमड़े का बैग)
- भारत में प्रथम बजट 18 फरवरी, 1860 जेम्स विल्सन द्वारा प्रस्तुत

- स्वतंत्र भारत का प्रथम बजट आर. के. षणमुखम चेट्टी द्वारा
  ⇓
  26 नवम्बर, 1947
- गणतंत्र भारत का पहला बजट ⇒ जॉन मथाई द्वारा 1950 में
- जवाहरलाल नेहरू प्रथम प्रधानमंत्री जिन्होंने 1958-59 में बजट प्रस्तुत
- भारत में सबसे अधिक बार बजट पेश करने वाले
  ⇓
  वितमंत्री ⇒ मोरारजी देसाई (10)

भारतीय बजट का प्रणेता
⇓
जेम्स विल्सन

⇒ **बजट का निर्माण**

- वित्त मंत्रालय के अंतर्गत आर्थिक मामलों का विभाग
- अन्य संबंधित राजस्व विभाग टैक्स रिसर्च यूनिट

⇒ **बजट का प्रस्तुतीकरण (संसद में)**

- केन्द्रीय वितमंत्री (राष्ट्रपति के अनुमति से) द्वारा
- वर्ष 2017-18 से 1 फरवरी को
  ⇓
  आर्थिक समीक्षा
  बजट के एक दिन पूर्व प्रस्तुत
- बजट का प्रस्तुत करने के 75 दिन के अंदर पारित होना आवश्यक

वितमंत्री जो प्रधानमंत्री बने

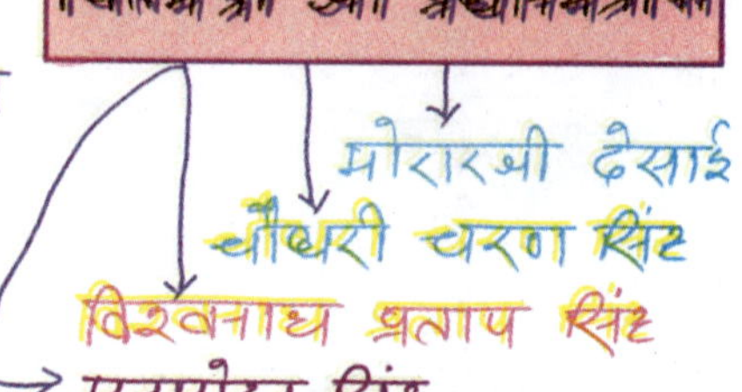

वितमंत्री रहते हुए बजट पेश नहीं कर पाये
⇓
- हेमवती नन्दन बहुगुणा
- चौधरी चरण सिंह
- के. सी. नियोगी

⇒ **बजट निर्माण प्रक्रिया के चरण**

- बजट का प्राक्कलन या रूपरेखा
- बजट का दस्तावेज
- संसद की स्वीकृति
- बजट का क्रियान्वयन
- वित्तीय कोषों का लेखांकन और लेखा परीक्षण

सामान्य बजट व रेल बजट
⇓
- रेल बजट सामान्य बजट से अलग - वर्ष 1924 (एकवर्थ समिति, 1921)
- केन्द्रीय बजट में रेल बजट का समावेशन ⇒ वर्ष 2017-18
  ⇓
  विवेक देबरॉय समिति की सिफारिश पर

⇒ **बजट के प्रकार**

① **पारम्परिक / आम बजट**

- सरकारी व्यय पर नियंत्रण व विकास
- विधायिका का कार्यपालिका पर वित्तीय नियंत्रण

② **निष्पादन बजट (Performance Budget)**

- इसका निर्माण परिणामों को ध्यान मे रखकर
- सर्वप्रथम प्रयोग अमेरिका में (1951) ⇒ हूवर आयोग (1949)
- भारत में प्रयोग कुछ क्षेत्रों में 1968 से
- सभी मंत्रालयों एवं विभागों द्वारा शुरुआत, 1975-76
- अन्य नाम उपलब्धि / कार्यपूर्ति बजट

③ आउटकम बजट

- भारत में प्रारंभ ⇒ वर्ष 2005
- तत्कालीन वितमंत्री ⇒ पी. चिदम्बरम

④ शून्य आधारित बजट

- प्रत्येक मद पर पुनर्विचार कर प्रत्येक मद को नयें मद (शून्य) मानते हुए
- सिद्धांत का प्रतिपादक पीटर ए. पायर (1969)
- सर्वप्रथम प्रयोग अमेरिका (1973)
- भारत में शुरुआत काउन्सिल ऑफ सांइटिफिक एण्ड इन्डस्ट्रियल रिसर्च (CSIR) द्वारा
- सभी मंत्रालय व विभागों में वर्ष 1987-88 का आम बजट

⑤ जेण्डर बजट

- महिलाओं का विकास, कल्याण व सशक्तिकरण
- सर्वप्रथम प्रारंभ ⇒ ऑस्ट्रेलिया (1982)
- भारत में शुरुआत ⇒ वर्ष 2005-06 (पी. चिदम्बरम)

- लेखानुदान केवल बजट के व्यय पक्ष से संबंधित
- लेखानुदान और अंतरिम बजट एक समान नहीं

भारत का पहला राज्य ⇒ राजस्थान

अन्य बजट

- संतुलित बजट ⇒ बजट प्राप्तियाँ = बजट व्यय
- बचत (अधिशेष) का बजट ⇒ बजट प्राप्तियाँ > बजट व्यय
- घाटे का बजट ⇒ बजट प्राप्तियाँ < बजट व्यय

	बजट के भाग	
	भाग (Part)	प्रमुख तथ्य
①	राजस्व प्राप्तियां (Revenue Recipts)	• न तो सरकार की देयता में वृद्धि और न ही परिसंपतियों में कमी • प्रकार → कर आय → प्रत्यक्ष, अप्रत्यक्ष; गैर-कर आय → प्रशासनिक आय, व्यापारिक आय
②	राजस्व व्यय (Revenue Expenditure)	• न तो किसी परिसंपति का निर्माण और न ही किसी देयता में कमी • चालू खाता से संबंधित • प्रकार → ब्याज भुगतान, वेतन, पेंशन, सरकारी सब्सिडी आदि
③	पूंजीगत प्राप्तियां (Capital Recipts)	• सरकार की देयता में वृद्धि अथवा परिसंपतियों में कमी • प्रकार → आंतरिक बाजार ऋण, विदेशी ऋण एवं सहायता, ऋणों एवं अग्रिमों की वापसी, विनिवेश

④	पूँजीगत व्यय (Capital Expenditure)	• जिससे परिसंपत्तियों का निर्माण या सरकार के देयता में कमी • प्रकार → बुनियादी ढांचा का निर्माण, विद्यालय, अस्पताल, सड़क आदि → ऋणों का भुगतान → निवेश (उत्पादन आदि)
⑤	योजनागत व्यय	• पंचवर्षीय योजनाओं की प्राथमिकताओं के आधार पर होने वाला व्यय • परिसंपत्तियों के निर्माण से संबंधित
⑥	गैर-योजनागत व्यय	• उपभोग प्रकृति / गैर-विकासात्मक

वित्तीय घाटे (Financial Deficit)

वर्ष 2017 से ⇓ योजनागत व गैर-योजनागत व्यय का विभाजन समाप्त

⇒ **बजटीय घाटा**

• बजट में कुल प्राप्तियों < कुल व्यय

⇓

कुल व्यय − कुल प्राप्तियां

• वर्ष 1997−98 से प्रकटीकरण समाप्त

⇒ **राजस्व घाटा**

• राजस्व प्राप्तियाँ < राजस्व व्यय

⇓

राजस्व व्यय − राजस्व प्राप्तियाँ

⇒ **प्रभावी राजस्व घाटा**

• पहली बार प्रयोग बजट ⇒ 2011-12 में

• वर्ष 2012-13 में FRBM व्यवस्था में सम्मिलित

• राजस्व घाटे से पूंजीगत परिसंपत्तियों के निर्माण से संबंधित अनुदानों को घटाने से प्राप्त

राजस्व घाटा − पूंजीगत संपत्ति सृजन संबंधी अनुदान

⇒ **राजकोषीय घाटा**

• जब बजटीय घाटे में उधार व अन्य देयताएँ को जोड़ दिया जाए

बजटीय घाटा + उधार व अन्य देयताएं

या

राजस्व प्राप्तियां + ऋणों की वसूली + अन्य प्राप्तियां − कुल व्यय

• राजकोषीय घाटा राजस्व घाटा से सदैव अधिक होता है

⇒ **प्राथमिक घाटा**

• राजकोषीय घाटे में से ब्याज-देयताओं को घटाने से प्राप्त

• वर्ष 1997-98 से प्रारंभ

राजकोषीय घाटा − ब्याज अदायगियां

⇒ **राजकोषीय उत्तरदायित्व एवं बजट प्रबंधन अधिनियम, 2003**

• वर्ष 2003 में पारित तथा जुलाई 2004 में लागू

• राजकोषीय सुदृढ़ीकरण तथा सार्वजनिक व्यय प्रबंधन

11 कर प्रणाली

⇒ **कर (Tax)**

- सरकार को दिया जाने वाला अनिवार्य भुगतान
- उद्देश्य → अर्थव्यवस्था का नियमन
  → आय की प्राप्ति
  → धन का समान वितरण
  → मूल्य स्थिरता को बढ़ावा

कर प्रणाली (Tax System)

प्रगतिशील / प्रगामी (Progressive)

- आय में वृद्धि के साथ-साथ कर में भी वृद्धि
- भारत में आयकर

Eg⇒₹4 से 8 लाख (5%)

₹8 से 12 लाख (10%)

प्रतिगामी (Regressive)

- आय बढ़ने के साथ-साथ कर प्रतिशत में कमी

Eg→₹5 लाख तक आय का 10% कर

→₹5 लाख से ₹10 लाख तक की आय का 8% कर

- अधिकांश : विकसित देशों में प्रचलित

आनुपातिक (Proportional)

- सम्पूर्ण आय पर सभी को समान दर से कर भुगतान करना पड़ता है।
- आय के प्रत्येक स्तर पर कर की दर एक समान
- प्रभाव ⇒ स्वायत व्यय गुणक को कम करता है।

एंजेल टैक्स
↓
आयकर अधिनियम में धारा, 56(2)(viib) से संबंधित।

⇒ **कर के प्रकार** → प्रत्यक्ष कर (Direct Tax)
→ अप्रत्यक्ष कर (Indirect Tax)

⇒ **प्रत्यक्ष कर (Direct Tax)**

- जिस व्यक्ति/संस्था पर कर लगाया जाए, भुगतान उसी के द्वारा
- कर भार का स्थानांतरण नहीं

⇒ **अप्रत्यक्ष कर (Indirect Tax)**

- वस्तुओं एवं सेवाओं पर आरोपित
- कर का भार दूसरे व्यक्ति पर स्थानांतरित
- कराघात तथा करापात (भार) अलग-अलग व्यक्ति पर

सेवा कर

- प्रारंभ ⇒ 1994-95
- चेलैया समिति के सिफारिश पर

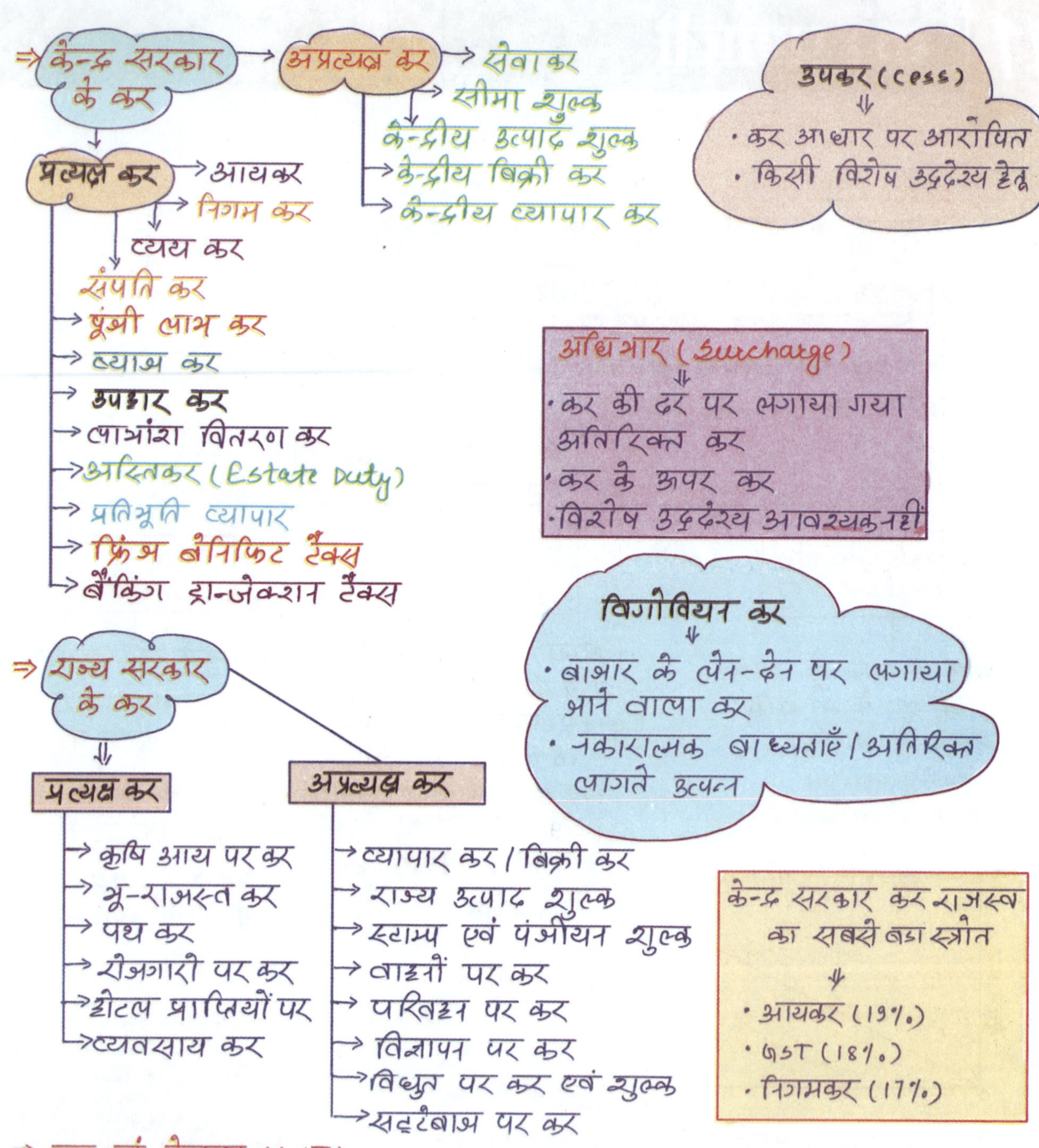

⇒ **वस्तु एवं सेवाकर (GST)**

- अप्रत्यक्ष कर
- वस्तुओं एवं सेवाओं पर आरोपित
- एक गन्तव्य आधारित कर
- GST की दरें ⇒ 5%, 12%, 18%, 28%

⇒ **GST से बाहर के कर**

- शराब
- रियल एस्टेट, हवाई
- कच्चा तेल, पेट्रोल, टरबाइन

GST का प्रावधान

⇓

101वां संविधान संशोधन, 2016 द्वारा

केन्द्रीय GST | राज्य GST | Integrated GST

- 1 जुलाई, 2017 से लागू
- प्रथम राज्य असम

करारोपण (Tax Burden)
⇓
यदि कर किसी व्यक्ति पर लगे किन्तु अंतिम रूप से उसका भुगतान कोई दूसरा व्यक्ति करे

उदाहरण – GST

करापात (Tax Incidence)
⇓
जिस व्यक्ति पर कर लगता है यदि वही व्यक्ति कर का भुगतान भी करे

उदाहरण – आयकर

⇒ **GST परिषद (Council)**

33 सदस्य → 31 ⇓ सभी राज्यों के वित्तमंत्री अथवा नामित मंत्री ⇓ मत मूल्य = 66.6%

33 सदस्य ⇓ 2 ⇒ अध्यक्ष ⇓ केन्द्रीय वित्तमंत्री ↓ केन्द्रीय वित्त राज्य मंत्री

- मत मूल्य ⇒ 33.3%
- निर्णय ⇒ 3/4 ⇒ 75% बहुमत

⇒ **गैर-कर राजस्व**
- शुल्क और जुर्माना
- सार्वजनिक उपक्रमों से लाभ

GST में सम्मिलित कर

केन्द्रीय
⇓
- केन्द्र उत्पाद शुल्क
- उत्पाद शुल्क (दवाइयों व प्रसाधन)
- अतिरिक्त उत्पाद शुल्क (विशेष महत्व की वस्तुएं)
- अतिरिक्त सीमा शुल्क (CVD)
- सेवाकर
- अतिरिक्त उत्पाद शुल्क (कपड़ा व कपड़े की वस्तुएं)
- केन्द्रीय अधिभार / उपकर
- अतिरिक्त विशेष सीमा शुल्क (SAD)

राज्य
⇓
राज्य वैट, बिक्री कर, विलासिता कर, प्रवेश कर, क्रय, मनोरंजन, विज्ञापन, लॉटरी, सट्टेबाजी, जुए पर कर, राज्य अधिभार व उपकर

12 विदेशी व्यापार, भुगतान संतुलन व विदेशी निवेश

⇒ विदेशी व्यापार

• दो या दो से अधिक राष्ट्रों के मध्य वस्तुओं व सेवाओं के आदान-प्रदान

⇒ व्यापार संतुलन (BOT)

• किसी देश द्वारा एक निश्चित समयावधि में आयातित व निर्यातित वस्तुओं के मौद्रिक मूल्य का वितरण

• केवल दृश्य व्यापार से संबंधित
↓
केवल वस्तुएँ जिन्हें छू अथवा देख सकते हैं।

• विदेशी व्यापार में प्रवेश करने का पारंपरिक माध्यम → निर्यात

वैश्विक वस्तुओं और सेवाओं के निर्यात/आयात में हिस्सेदारी

- निर्यात में ↓ 2022 में ⇒ 2.4%
- आयात में ↓ 2022 में ⇒ 3.0%

⇒ व्यापार अधिशेष ⇒ निर्यात > आयात

⇒ व्यापार घाटा ⇒ निर्यात < आयात

आयात प्रतिस्थापन की नीति
↓
इसे अंतर्मुखी व्यापार रणनीति कहा जाता है।

⇒ भारत के शीर्ष व्यापारिक साझेदार (2024-25)
↓
• संयुक्त राज्य अमेरिका (USA)
• चीन (China)
• संयुक्त अरब अमीरात (UAE)

भारत के आयात और निर्यात	
निर्यात के शीर्ष तीन गंतव्य	**आयात के शीर्ष तीन देश**
• संयुक्त राज्य अमेरिका • संयुक्त अरब अमीरात • नीदरलैंड	• चीन (China) • रूस (Russia) • संयुक्त अरब अमीरात (UAE)
आयातित और निर्यातित वस्तुएँ	
शीर्ष आयातित वस्तुएँ	**शीर्ष निर्यातित वस्तुएँ**
• पेट्रोलियम तेल व खनिज ईंधन • सोना (Gold) • विद्युत मशीनरी और उपकरण	• पेट्रोलियम उत्पाद • रत्न और आभूषण • फार्मास्यूटिकल्स

⇒ विदेशी व्यापार नीति, 2023

• जारीकर्ता ⇒ केन्द्रीय वाणिज्य एवं उद्योग मंत्रालय

• लागू ⇒ 1 अप्रैल, 2023

डंपिंग
↓
किसी देश द्वारा अपने वस्तुओं को अपने देश में लागत मूल्य अथवा घरेलू मूल्य से कम कीमत पर दूसरे देश में बेचना

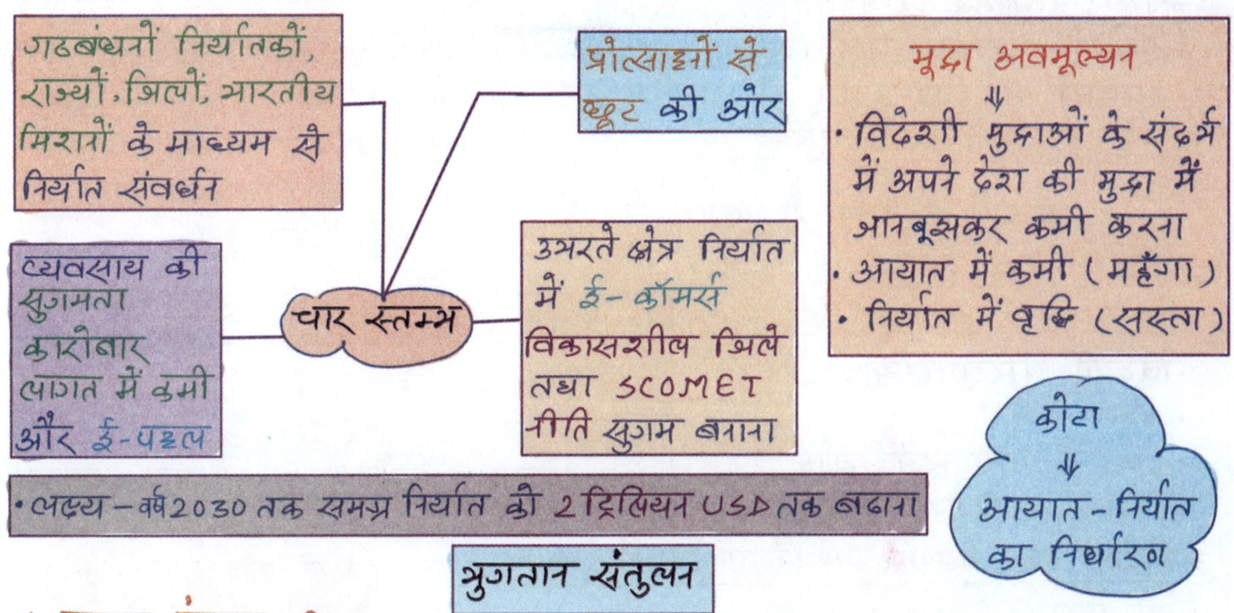

भुगतान संतुलन

⇒ **भुगतान संतुलन (BOP)**

• किसी देश के निवासियों व शेष विश्व के मध्य होने वाले समस्त आर्थिक लेन देन का व्यवस्थित विवरण

BOP के घटक	
चालू खाता	• दृश्य (⇒ वस्तुओं) और अदृश्य (⇒ सेवाओं) मदों का आयात निर्यात • विदेशों को और विदेशों से एक पक्षीय हस्तांतरण ⇓ उपहार, दान, व्यक्तिगत प्रेषण • अर्थव्यवस्था में आय, उत्पादन व रोजगार पर सीधा प्रभाव
पूँजी खाता	• वित्तीय लेन-देन से संबंधित

• पूँजी खाता संरचना
→ प्रत्यक्ष विदेशी निवेश (FDI)
→ विदेशी संस्थागत निवेश (FII)
→ बाह्य वाणिज्यिक ऋण
→ विदेशी सहायता
→ अन्य जमाएं
→ NRI जमाएं
→ बैंकिंग पूँजी
→ अल्पकालीन व्यापार जमाएं
→ अन्य प्रवाह

चालू खाता घाटा
आयात का मूल्य > निर्यात का मूल्य

जुड़वा घाटा
⇓
चालू खाता घाटा + राजकोषीय घाटा

• देश की आय, उत्पादन, रोजगार पर सीधा कोई प्रवाह नहीं

⇒ **विदेशी विनिमय दर**

• जिस दर पर एक देश की मुद्रा दूसरे देश की मुद्रा से बदली जाए

eg → एक डॉलर का मूल्य ₹50
यह डॉलर की रुपये में विनिमय दर

⇒ स्थिर विनिमय दर प्रणाली
- सरकारी हस्तक्षेप द्वारा नियंत्रित
- सरकारी आरक्षित कोषों को उपयोग द्वारा

⇒ परिवर्तनशील / तैरती विनिमय दर
⇓
सरकारी हस्तक्षेपों से मुक्त

पूंजी खाते पर रुपये की परिवर्तनीयता
⇓
- एस. एस. तारापोर समिति(I) – 1997
- एस. एस. तारापोर समिति(II) – 2006
- इस संबंध में उदारवादी नीति,
- पूर्ण परिवर्तनीय नहीं

⇒ विदेशी मुद्रा भण्डार
(Foreign Exchange Reserve)
- विदेशी परिसंपतियां
- स्वर्ण भण्डार
- IMF के पास रिजर्व कोष
- विशेष आहरण अधिकार

भारत में विनिमय दर प्रणाली
⇓
- वर्ष 1993 से प्रबंधित विनिमय दर प्रणाली
- बाजार की मांग व पूर्ति के आधार पर
- आवश्यकता पड़ने पर RBI द्वारा हस्तक्षेप

⇒ विदेशी मुद्रा प्रबंधन अधिनियम (FEMA), 1999
- इसे फेरा (FERA - 1973) के स्थान पर
- 1 जून. 2000 से लागू
- विदेशी व्यापार व भुगतान को सुविधाजनक बनाना

ऋण जाल (Debt Trap)
⇓
वर्तमान ऋण दायित्वों के भुगतान हेतु अन्य दूसरा ऋण लेना

विदेशी निवेश

प्रत्यक्ष विदेशी निवेश
↓
भूमि, मशीन, पूंजीगत वस्तुओं में निवेश
- ग्रीनफील्ड निवेश ⇓ किसी नई इकाई आधार संरचना का विकास
- ब्राउनफील्ड निवेश ⇓ पूर्व में व्यवस्थित किसी इकाई में निवेश

विदेशी संस्थागत निवेश (FII)
⇓
शेयरों व म्यूचुअल फण्डों के माध्यम से

पोर्टफोलियो विदेशी निवेश (FPI)
↓
- विदेशी निवेशक द्वारा किसी कंपनी के 10% से कम शेयर क्रय
- अत्यंत अस्थिर प्रवृति (शीघ्र पलायन)
- असुरक्षित निवेश

⇒ FDI प्रतिबंधित क्षेत्र
- लॉटरी व्यवसाय
- सट्टेबाजी
- चिटफण्ड
- रियल एस्टेट
- रेलवे संचलन
- निधि कंपनी
- जुआ
- तम्बाकू, सिगरेट

विभिन्न क्षेत्रों में FDI सीमा	
मल्टी ब्रांड रिटेल (खाद्य)	100%
सिंगल ब्रांड रिटेल	100%
टेलीकॉम, रक्षा उत्पाद	100%
पेट्रोलियम रिफाइनरी	49%
नागरिक उड्डयन	49%
रेलवे आधारित संरचना	100%
कोरियर सेवा, बीमा	100%
पावर एक्सचेंज	49%
सार्वजनिक क्षेत्र के बैंक	20%
निजी क्षेत्र के बैंक	74%

13 भारतीय कृषि

⇒ **कृषि (Agriculture)** ⇒ राज्य सूची का विषय

- भारतीय अर्थव्यवस्था की रीढ़
- अर्थव्यवस्था के अंतर्गत प्राथमिक क्षेत्र
- संबद्ध क्षेत्र – कृषि, पशुपालन, मत्स्यपालन, वानिकी, खनन इत्यादि

जैविक / प्राकृतिक कृषि
→ पर्यावरण अनुकूल
→ संश्लेषित उर्वरकों व कीटनाशकों का न्यूनतम प्रयोग
→ जैविक / प्राकृतिक खाद का प्रयोग
→ सिक्किम भारत का पहला पूर्ण जैविक राज्य

कृषि क्षेत्र में वृद्धि दर
⇓
- वित्त वर्ष 2025 ⇒ 3.5% (2024-25)
- 1.4% ⇒ 2023-24

⇒ **कृषि क्षेत्र का योगदान / महत्व**

- देश की आबादी की 54.6% जनसंख्या कृषि व संबंध क्षेत्र में संलग्न (Census, 2011)
- 46.1% आबादी की आजीविका (आर्थिक समीक्षा ⇒ 2024-25)
- जीडीपी में योगदान → 55.4% (1950-51)
  → 16% (2024-2025)

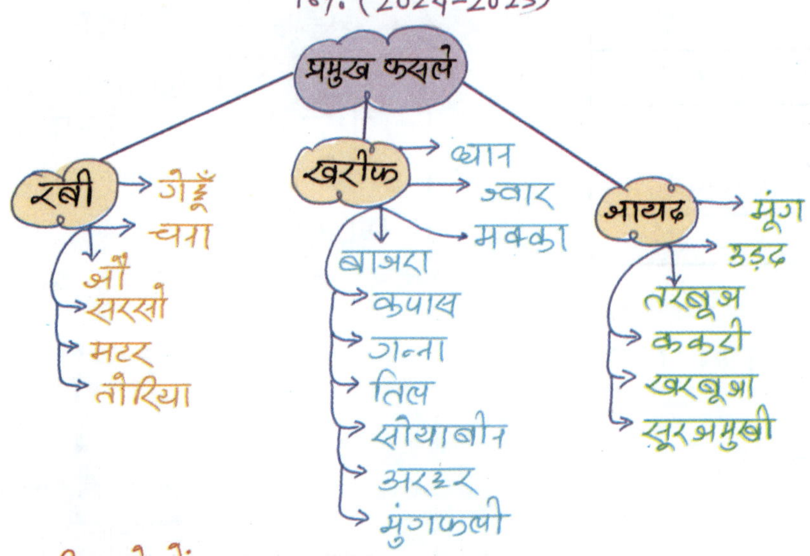

व्यापारिक फसलें
⇓
मूंगफली, सरसों, तिल, गन्ना, जूट, मेस्टा, चाय, कहवा आदि

नकदी फसलें
⇓
जूट, गन्ना, कपास, तम्बाकू आदि

GM फसल ⇒ BT-कपास

⇒ **कृषि जोतों का आकार**

जोत	आकार
सीमांत जोत	⇒ 1 हेक्टेयर से कम
लघु जोत	⇒ 1-2 हेक्टेयर
अर्द्ध-मध्यम जोत	⇒ 2-4 हेक्टेयर
मध्यम जोत	⇒ 4-10 हेक्टेयर
वृहत जोत	⇒ 10 हेक्टेयर से अधिक

• भारत में सर्वाधिक संख्या सीमांत जोत की

• भारतीय कृषि का प्रकार जीवन निर्वाह योग्य कृषि

⇒ **सिंचाई**

• भारत के सकल फसल क्षेत्र 55% भाग सिंचित क्षेत्र

• भारत में सर्वाधिक सिंचित क्षेत्र वाले राज्य → उत्तर प्रदेश, मध्य प्रदेश, राजस्थान

• कुल क्षेत्रफल के प्रतिशत की दृष्टि से सार्वाधिक सिंचित राज्य – पंजाब

• कुल क्षेत्रफल के प्रतिशत की दृष्टि से सबसे कम सिंचित राज्य ⇒ असम

• क्षेत्रफल की दृष्टि से सर्वाधिक
⇓
असिंचित क्षेत्रफल वाला राज्य ⇒ महाराष्ट्र

⇒ **देश में सिंचाई का सबसे बड़ा साधन**

• नलकूप (57%) ⇒ (सर्वाधिक ⇒ उत्तर प्रदेश)
• नहर (32%)
• कुआँ (6%)
• तालाब द्वारा सर्वाधिक सिंचित राज्य – तमिलनाडु

भूमि सुधार वाले दो सफल राज्य
• केरल
• पश्चिम बंगाल

⇒ **कृषि विकास**

पंचवर्षीय योजना	वास्तविक विकास (%)
दूसरी योजना	3.17%
पांचवी योजना	3.28%
सातवीं योजना	3.41%
आठवीं योजना	4.68%
ग्यारहवीं योजना	3.6%
बारहवीं योजना	4.0%

भारत में भूमि सुधार
↑ सर्वप्रथम जमींदारी उन्मूलन की शुरुआत - उत्तर प्रदेश
→ काश्तकारी सुधार
→ बिचौलियों/मध्यस्थों की समाप्ति
→ जोतों के अधिकतम सीमा का निर्धारण
→ सहकारी खेती की व्यवस्था

⇒ **कृषि साख** → संस्थागत स्रोत (65% से अधिक)
→ सरकार
→ सहकारी समितियाँ
→ वाणिज्यिक बैंक

गैर-संस्थागत स्रोत
→ साहूकार
→ महाजन
→ भू-स्वामी
→ रिश्तेदार

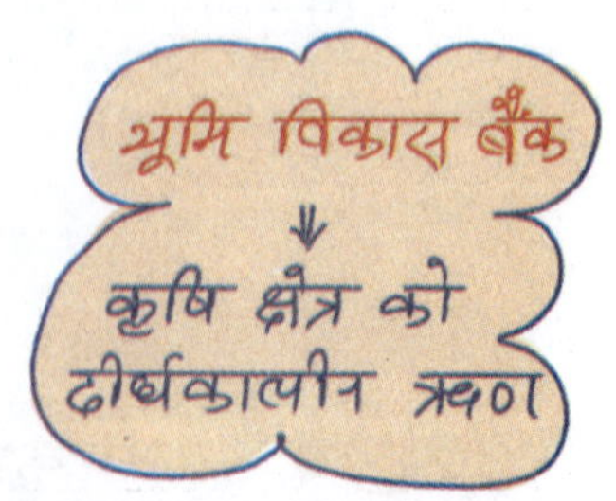

⇒ **कृषि साख के प्रकार**

• अल्पकालीन (15 माह से कम अवधि)
• मध्यकालीन (15 माह से 5 वर्ष)
• दीर्घकालीन (5 वर्ष से अधिक अवधि)

कृषि का व्यावसायीकरण
⇓
विपणन योग्य अधिशेष का संकट।

⇒ कृषि क्षेत्र की विभिन्न क्रांतियाँ

①	हरित क्रांति	1966-67	• विश्व के संदर्भ में जनक ⇒ नार्मन बोरलॉग (मैक्सिको) • भारत में जनक ⇒ डॉ. एम. एस. स्वामीनाथन • गेहूँ की नई और अधिक उपज देने वाली किस्म का विकास घटक → उन्नत किस्म की बीज (HYV) → सिंचाई → रासायनिक उर्वरक हरित क्रांति का प्रभाव • गेहूँ, मक्का, चावल के उत्पादन में वृद्धि • सर्वाधिक प्रभाव गेहूँ के उत्पादन ⇓ कुछ सीमा तक धान हरित क्रांति प्रभाव वाले क्षेत्र → जन्मस्थली ⇒ पंतनगर (उत्तराखंड) → पंजाब → हरियाणा → पश्चिमी उत्तर प्रदेश
②	श्वेत क्रांति (operation flood)	1970	• ऑपरेशन फ्लड ⇒ 1970 • जनक ⇒ डॉ. वर्गीज कूरियन • दूध उत्पादकता में वृद्धि
③	दूसरी हरित	अप्रैल 2006	• कृषि उत्पादन को 2015 तक लक्ष्य दोगुना करना • मृदा स्वास्थ्य में सुधार, बीमा व ऋण संबंधी कार्यक्रम तकनीकी सुधार सुलभ विपणन की व्यवस्था • दाल एवं जैविक कृषि से संबंध
④	त्रिरंगीय क्रांति		• केसर ऊर्जा क्रांति ⇒ सौर ऊर्जा • श्वेत क्रांति ⇒ पशु कल्याण एवं अनाज • नीली क्रांति ⇒ मछुआरों के कल्याण

⇒ कृषि क्षेत्र की अन्य क्रांतियाँ

श्वेत → दुग्ध क्षेत्र	गुलाबी → झींगा मछली
पीली → तिलहन क्षेत्र	कृष्ण → पेट्रोलियम
गोल → आलू	धूसर → उर्वरक
नीली → मत्स्यन	रजत → अण्डा
लाल → मांस/टमाटर	सुनहरी → बागवानी

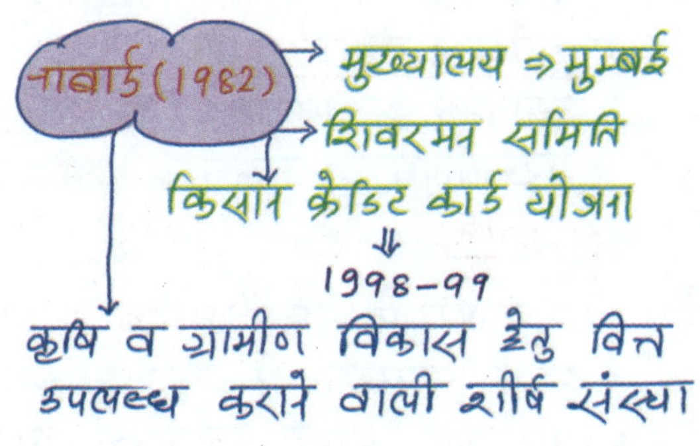

⇒ कृषि लागत एवं मूल्य आयोग (CACP)

- 1965 में कृषि मूल्य आयोग (APC) के रूप में
- 1985 में नाम परिवर्तन ⇒ कृषि लागत एवं मूल्य आयोग
- कृषि उत्पादों के मूल्य निर्धारण हेतु सरकार को सलाह
- मुख्यालय → नई दिल्ली
- खरीफ व रबी फसल हेतु बुआई से पहले (वर्ष में दो बार)

⇒ न्यूनतम समर्थन मूल्य (MSP)

- शुरुआत ⇒ 1966-67
- घोषणा ⇒ CACP की सिफारिश पर सरकार द्वारा
- 22 अधिसूचित फसलों के लिए

गन्ने के मूल्य के लिए उचित एवं लाभकर मूल्य (FRP)

राष्ट्रीय कृषि आयोग

→ गठन ⇒ 2004
→ अध्यक्ष ⇒ एम. एस. स्वामीनाथन
→ रिपोर्ट ⇒ 2006

भारतीय खाद्य निगम

→ स्थापना ⇒ 1965
→ खाद्यान्न एवं अन्य खाद्य पदार्थों की खरीद, भंडारण, परिवहन, वितरण, बिक्री

⇒ लक्षित सार्वजनिक वितरण प्रणाली (TPDS)

- स्थापना ⇒ 1997
- लोगों को किफायती कीमतों पर अनाज उपलब्ध कराना

⇒ राष्ट्रीय खाद्य सुरक्षा अधिनियम, 2013

- प्रारंभ ⇒ 10 नवम्बर, 2013
- 3 नवम्बर, 2016 सभी राज्यों/संघ शासित प्रदेशों में लागू
  - → ग्रामीण (75% आबादी)
  - → शहरी (50% आबादी)

  > रियायती दर पर खाद्यान्न उपलब्ध कराना

⇒ बागवानी क्षेत्र

- फल, सब्जी, कन्दमूल, फसलों, फूल, मसाले, चिकित्सीय पौधे
- विश्व के कुल फल उत्पादन में भारत का योगदान ⇒ 11%
- भारत विश्व में फल उत्पादन में दूसरा
- शीर्ष फल उत्पादक राज्य आंध्र प्रदेश
- भारत मसालों का सबसे बड़ा उत्पादक
- राष्ट्रीय बागवानी मिशन 2005-06 से प्रारंभ

कपार्ट → गठन - 1986

लोक कार्यक्रम एवं ग्रामीण प्रौद्योगिकी विकास परिषद्

⇒ राष्ट्रीय बागवानी बोर्ड

- स्थापना ⇒ 1984 में
- मुख्यालय ⇒ गुरुग्राम (हरियाणा)

भारतीय खाद्य सुरक्षा और मानक प्राधिकरण (FSSAI)

- स्थापना ⇒ 2008
- उद्देश्य ⇒ खाद्य सामग्रियों के कीटनाशकों की अधिकतम अवशेष सीमा की निर्धारण की घोषणा

⇒ डेयरी क्षेत्र

- पशुपालन में भारत विश्व में प्रथम स्थान
- दुग्ध उत्पादन में भारत विश्व में प्रथम
- सर्वाधिक दुग्ध उत्पादक राज्य उत्तर प्रदेश

⇒ मत्स्यन

- भारत विश्व में मत्स्यपालन में तीसरा सबसे बड़ा उत्पादक
- शीर्ष मत्स्य उत्पादक राज्य
  - → आन्ध्र प्रदेश (1)
  - → पश्चिम बंगाल (2)
  - → कर्नाटक (3)

राष्ट्रीय मत्स्य उद्योग विकास बोर्ड
→ स्थापना – 2006
→ मुख्यालय – हैदराबाद

अंतर्राष्ट्रीय मोटा अनाज वर्ष
↓
संयुक्त राष्ट्र द्वारा वर्ष 2023 को घोषित

⇒ कृषि व्यापार

- विश्व कृषि निर्यात में भारत का हिस्सा ⇒ 1.7%

कृषि को उद्योग का दर्जा देने वाला प्रथम राज्य ⇒ महाराष्ट्र

⇒ कृषि निर्यात के शीर्ष मदें

- → अनाज
- → समुद्री उत्पाद
- → मसाले

भारत के समग्र निर्यात में कृषि क्षेत्र की भागीदारी ⇒ 11.8%

⇒ कृषि उत्पाद		निर्यात क्षेत्र
बासमती चावल	→	उत्तराखण्ड, पंजाब
मसाले	→	मध्य प्रदेश
आम	→	पश्चिम बंगाल, तमिलनाडु
सब्जी	→	पश्चिम बंगाल, झारखण्ड
प्याज	→	महाराष्ट्र
हल्दी व अदरक	→	ओडिशा

भारत ⇒ मसालों का घर
केरल ⇒ मसालों का बगान

⇒ कृषि निर्यात नीति – 2018

- वर्ष 2022 तक कृषि निर्यात के 30 अरब से बढ़ाकर 60 अरब डॉलर करना
- कुछ वर्षों में 100 अरब डॉलर पहुँचाना
- स्वदेशी, नवीन, जैविक, स्थानीय प्रजाति, पारम्परिक और गैर- पारम्परिक कृषि उत्पाद के निर्यात को बढ़ावा

नेफेड (NAFED)
→ स्थापना ⇒ 1958
→ राष्ट्रीय कृषि सरकारी विपणन संघ (नेफेड)
→ सहकारी क्षेत्र में कृषि उपजों के विपणन हेतु

⇒ एपिडा (APEDA)

- स्थापना ⇒ 1986
- एपिडा ⇒ कृषि एवं संवर्द्धित खाद्य उत्पाद निर्यात विकास प्राधिकरण
- कृषि निर्यात क्षेत्रों के विषय में शीर्ष एजेंसी

ट्राइफेड (TRIFED)
→ स्थापना – 1987
→ कार्य ⇒ 1988
→ भारतीय जनजातीय सहकारी विपणन विकास परिसंघ
→ जनजातीय लोगों का शोषण करने वाले निजी व्यापारियों से छुटकारा दिलाना तथा उचित मूल्य दिलाना

⇒ कृषि तकनीक प्रबंधन एजेंसी (ATMA)

- स्थापना ⇒ 6 नवम्बर, 2006
- किसानों तक नई तकनीक व जानकारी उपलब्ध कराना

⇒ राष्ट्रीय कृषि नीति – 2007

- स्वतंत्र भारत की तीसरी नीति
- प्रथम – 1992, दूसरा – 2000

कीमत स्थिरीकरण कोष
↓
प्याज, आलू, दाल के लिए

कृषि से संबंधित प्रमुख योजनाएं

⇒ **राष्ट्रीय खाद्य सुरक्षा मिशन (NFSM)**
- प्रारंभ ⇒ 2007
- उद्देश्य ⇒ चावल, गेहूं व दाल के उत्पादन में क्रमश: 10, 8, 2 MT की वृद्धि

⇒ **प्रधानमंत्री किसान मान-धन योजना**
- प्रारंभ ⇒ 12 सितम्बर, 2019
- उद्देश्य ⇒ 60 वर्ष की आयु होने पर ₹ 3000 प्रति माह पेंशन
- पात्र ⇒ 18-40 वर्ष की आयु

⇒ **राष्ट्रीय सतत कृषि विकास मिशन**
- प्रारंभ ⇒ 2010

⇒ **प्रधानमंत्री किसान सम्मान निधि**
- प्रारंभ ⇒ 2019
- उद्देश्य ⇒ किसानों की वार्षिक ₹6000 दो-दो हजार के तीन किस्तों में भुगतान

⇒ **प्रधानमंत्री कृषि सिंचाई योजना**
- प्रारंभ ⇒ 1 जुलाई, 2015
- उद्देश्य ⇒ 'हर खेत को पानी' कृषि योग्य क्षेत्र का विस्तार

⇒ **मृदा स्वास्थ्य कार्ड योजना**
- प्रारंभ ⇒ फरवरी, 2015
- उद्देश्य ⇒ किसानों को मृदा स्वास्थ्य कार्ड देना

⇒ **प्रधानमंत्री फसल बीमा योजना**
- प्रारंभ – 18 फरवरी, 2016
- उद्देश्य ⇒ आपदाओं से कृषिगत उत्पादन में होने वाले नुकसान में भरपाई

⇒ **राष्ट्रीय दुग्ध विकास कार्यक्रम**
- प्रारंभ ⇒ 2012
- उद्देश्य ⇒ दुधारु पशुओं की नस्ल सुधारना

⇒ **ई नाम (e-NAM ⇒ इलेक्ट्रॉनिक राष्ट्रीय कृषि बाजार) योजना**
- प्रारंभ ⇒ 2016
- उद्देश्य ⇒ किसानों को उनकी उपज का अधिकतम मूल्य प्रदान करना

⇒ **राष्ट्रीय खाद्य प्रसंस्करण मिशन**
- प्रारंभ ⇒ 2012-13
- उद्देश्य ⇒ किसानों की आय बढ़ाने तथा खाद्य पदार्थों को अधिक समय संरक्षित रखने हेतु

⇒ **प्रधानमंत्री किसान सम्पदा योजना**
- प्रारंभ ⇒ अप्रैल, 2017
- उद्देश्य ⇒ खाद्य अपव्यय को कम करना, किसानों की आय बढ़ाना

⇒ **राष्ट्रीय कृषि विकास योजना**
- प्रारंभ ⇒ 2007-08
- उद्देश्य ⇒ राज्यों को कृषि तथा सम्बद्ध क्षेत्रों में और अधिक धन वितरण के लिए प्रोत्साहित करना

⇒ **प्रधानमंत्री मत्स्य सम्पदा योजना**
- प्रारंभ ⇒ 10 सितम्बर, 2020
- उद्देश्य ⇒ देश के गांवों का सशक्त बनाना, मछुआरों और मत्स्य किसानों की आय दुगुना करना।

14 भारतीय उद्योग

अर्थव्यवस्था में आधुनिकीकरण और स्थिर रोजगार को बढ़ावा
⇓
औद्योगिक क्षेत्र द्वारा

⇒ उद्योग (Industry)
- प्राथमिक उत्पादों का द्वितीयक उत्पादों में परिवर्तन
- वस्तुओं का उत्पादन परिष्करण अथवा निर्माण की क्रिया सम्पन्न

⇒ औद्योगिक वृद्धि दर ⇒ 6.4% (2024)
⇓
देश की GVA में औद्योगिक क्षेत्र की हिस्सेदारी ⇒ 27.6% (2024) ⇒ 1950-51 में GDP में हिस्सेदारी ⇒ 13%

उपभोक्ता वस्तुएँ
⇓
कपड़ा, खाद्य पदार्थ और खेल की वस्तुएँ

⇒ औद्योगिक क्षेत्र
- → सार्वजनिक क्षेत्र ⇒ प्रबंधन, संचालन सरकार द्वारा
- → निजी क्षेत्र ⇒ स्वामित्व, नियंत्रण, प्रबंधन, संचालन किसी फर्म व्यक्ति या कम्पनी के हाथ में
- → संयुक्त क्षेत्र
  ⇓
  उद्यमों का स्वामित्व, संचालन राज्य और व्यक्तियों या व्यक्तियों के समूह के द्वारा
  ⇓
  सुझाव ⇒ वर्ष 1970 में सर्वप्रथम दत्त समिति द्वारा

पूँजीगत वस्तुएँ
⇓
मशीन, उपकरण, औजार आदि

भारत में उद्योगों का विकास

- → भारत में आधुनिक उद्योग का प्रारंभ 1854 में सी.एन. डेबर द्वारा मुम्बई
  ⇓
  सूती मिल का प्रारंभ

विश्व में सर्वप्रथम औद्योगिक क्रांति ⇒ इंग्लैंड में

लौह एवं इस्पात उद्योग

- → भारत में लौह इस्पात उद्योग का प्रारंभ
  ⇓
  1870 की बंगाल आयरन वर्क्स कंपनी (कुल्टी)
- → टाटा आयरन एण्ड स्टील कम्पनी (TISCO),
  ⇓
  1907 (जमशेदपुर, झारखण्ड)
- → सार्वजनिक क्षेत्र की पहली इकाई राउरकेला स्टील प्लाण्ट, 1959 (राउरकेला, ओडिशा)

एल्युमिनियम उद्योग

- → देश का प्रथम एल्युमिनियम संयंत्र → जे. के. नगर (1937)
  → दूसरा मुरी में (1938)
- → नेशनल एल्युमिनियम कम्पनी (NALCO) ⇒ 1981 में हीराकुड (ओडिशा)
  देश की सबसे बड़ी एकीकृत एल्युमिनियम परियोजना
- → भारतीय एल्युमिनियम कंपनी लिमिटेड (BALCO) ⇒ 1965 (कोरबा, छत्तीसगढ़)
  सार्वजनिक क्षेत्र का प्रथम

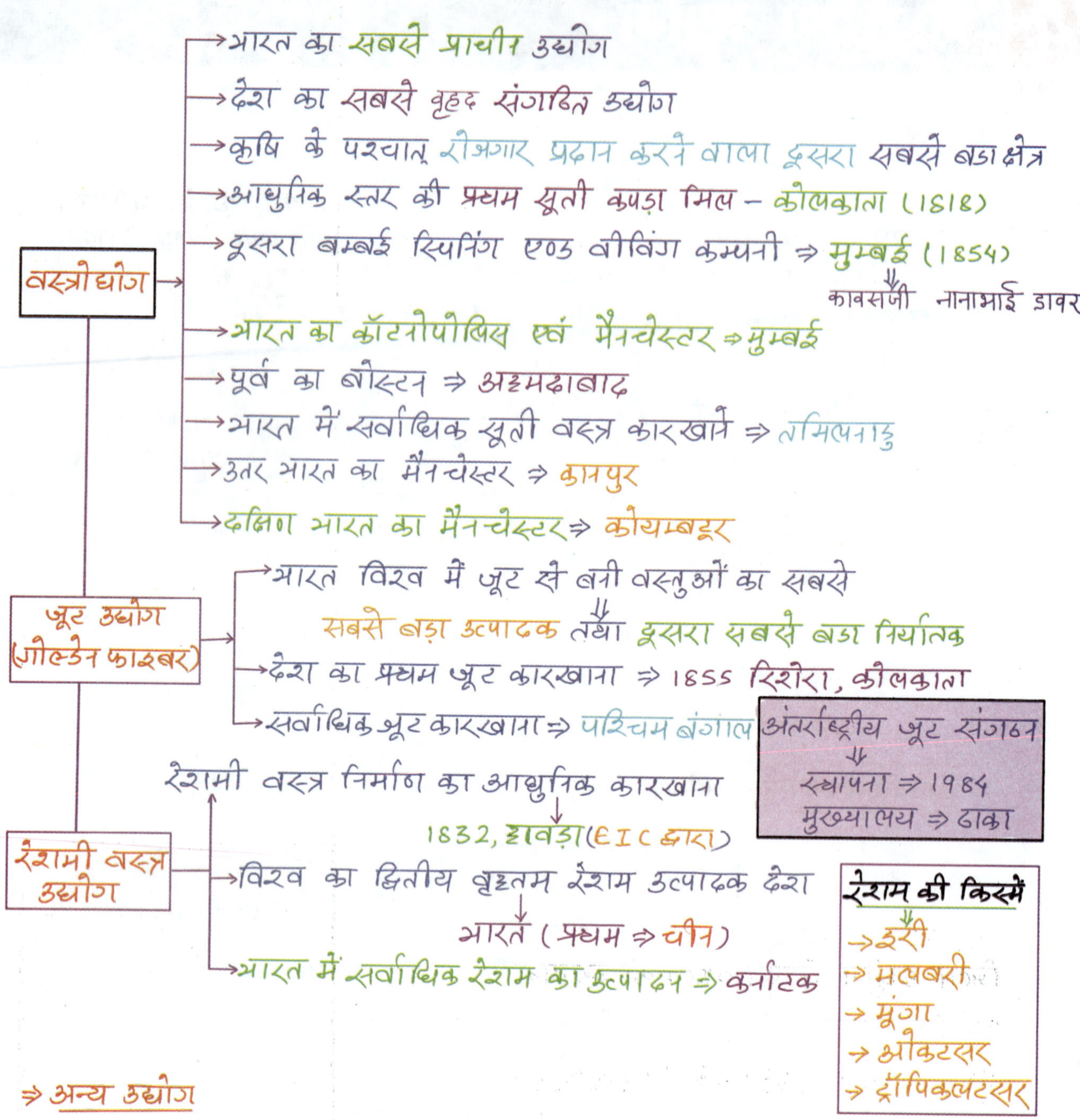

⇒ अन्य उद्योग

- देश में इलेक्ट्रॉनिक उद्योग का प्रारंभ ⇒ 1950 का दशक रेडियो विनिर्माण से
- भारत में पेट्रो रसायन उद्योग का प्रारंभ ⇒ 1966 में निजी क्षेत्र द्वारा
- देश का पहला सुपर फास्फेट संयंत्र ⇒ रानीपेट (तमिलनाडु)

  सार्वजनिक क्षेत्र का प्रथम कारखाना
  ⇓
  इंडियन पेट्रोकेमिकल लिमिटेड 1969 (बड़ोदरा)
- ऊनी वस्त्र का प्रथम आधुनिक कारखाना ⇒ 1876 (कानपुर)

औद्योगिक नीति

⇒ औद्योगिक नीति, 1948

- पहली औद्योगिक नीति
- घोषणा ⇒ 6 अप्रैल, 1948
  ⇓
  श्यामा प्रसाद मुखर्जी ⇒ उद्योग एवं वाणिज्य मंत्री
- उद्योगों का चार वर्गों में विभाजन
  → केन्द्र का विशेषाधिकार
  → केवल राज्य सरकार के नए उपक्रम
  → बुनियादी महत्व के उद्योग
  → निजी, व्यक्तिगत तथा सहकारी उद्यम

MRTP, Act → 1969 में पारित
↓
एकाधिकार तथा व्यापारिक प्रतिबन्धक व्यापार व्यवहार अधिनियम

⇒ औद्योगिक नीति, 1956

- घोषणा ⇒ 30 अप्रैल, 1956
- उद्योगों का विभाजन तीन वर्गों में
  → सरकारी क्षेत्र (17)
  → सरकारी + निजी (12)
  → निजी

नई विनिर्माण नीति

→ घोषणा ⇒ 4 नवम्बर, 2011
→ GDP में विनिर्माण क्षेत्र की 25% भागीदारी करना
→ रोजगार के 100% अतिरिक्त अवसरों का सृजन
→ 2022 तक विनिर्माण वस्तुओं के निर्यात को दोगुना करना

⇒ औद्योगिक नीति, 1970

- घोषणा ⇒ 23 दिसम्बर, 1977
- लघु क्षेत्र को तीन वर्गों में
  → कुटीर तथा घरेलू उद्योग
  → अति लघु उद्योग
  → लघु उद्योग
- लघु एवं कुटीर उद्योग के विकास पर विशेष बल
- **जिला उद्योग केन्द्र (DIC) की स्थापना**

सूक्ष्म, लघु और मध्यम उद्यम विकास (MSMED) अधिनियम, 2006
⇓
उद्देश्य ⇒ MSMEs के विकास को बढ़ावा देना और सुविधाजनक बनाना

⇒ औद्योगिक नीति, 1980

- घोषणा ⇒ 23 जुलाई, 1980
- आर्थिक संघवाद की धारणा पर बल
- रुग्ण औद्योगिक इकाइयों की समस्या समाधान पर बल

⇒ नई आर्थिक नीति (LPG) ⇒ घोषणा → 24 जुलाई, 1991

→ L – Liberalisation (उदारीकरण)
- उद्योग क्षेत्र से लाइसेंसिंग व्यवस्था की समाप्ति
- आर्थिक क्रियाओं पर सरकार का कम नियंत्रण

सार्वजनिक क्षेत्र हेतु आरक्षित उद्योग
⇓
परमाणु ऊर्जा और रेल परिवहन

→ P-Privatisation (निजीकरण)

दो प्रकार से परिवर्तन

→ सरकार का सार्वजनिक कंपनी के स्वामित्व और प्रबंधन से बाहर होना

→ सार्वजनिक क्षेत्र की कंपनियों को सीधे बेच देना

→ G-Globalisation (वैश्वीकरण)

देश की अर्थव्यवस्था को पूंजी व्यापार तथा औद्योगिक के माध्यम से विश्व की अर्थव्यवस्था से जोड़ना

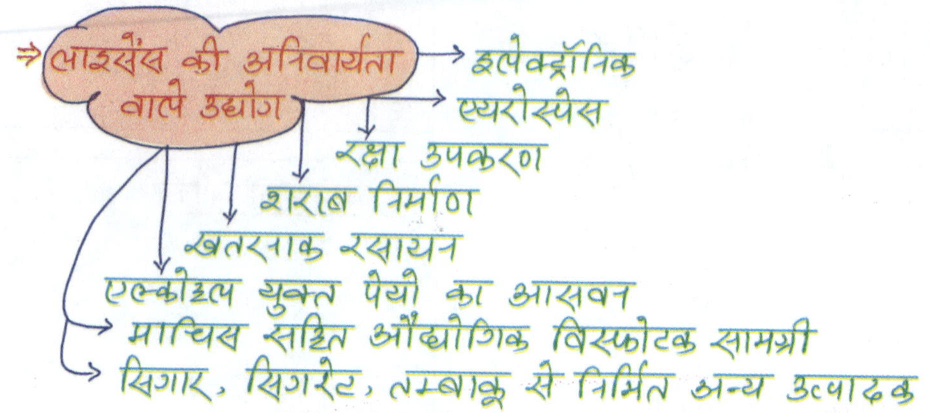

सार्वजनिक क्षेत्र के उपक्रमों को रत्न का दर्जा

⇒ महारत्न

→ प्रारंभ ⇒ वर्ष 2009

मानदण्ड
→ नवरत्न का दर्जा
→ विदेशों में कारोबार
→ शेयर बाजार में सूचीबद्ध
→ औसत कारोबार ₹ 25000 करोड़ (3 वर्षों में)
→ औसत शुद्ध लाभ ₹ 5000 करोड़ (3 वर्षों में)
→ नेटवर्थ औसतन ₹ 15 000 करोड़ (3 वर्षों में)

महारत्न कम्पनियां (14)

- भारतीय तेल निगम (IOC)
- तेल एवं प्राकृतिक गैस निगम (ONGC)
- कोल इंडिया लिमिटेड (CIL)
- भारतीय इस्पात प्राधिकरण (SAIL)
- राष्ट्रीय ताप विद्युत निगम (NTPC)
- भारतीय गैस प्राधिकरण लिमिटेड (GAIL)
- भारतीय हैवी इलेक्ट्रिकल्स लिमिटेड (BHEL)
- भारत पेट्रोलियम कॉर्पोरेशन लिमिटेड (BPCL)
- हिन्दुस्तान पेट्रोलियम कॉर्पोरेशन लिमिटेड (HPCL)

- पावर ग्रिड कॉर्पोरेशन ऑफ इंडिया लिमिटेड (PGCIL)
- पावर फाइनेन्स कॉर्पोरेशन (PFC)
- ग्रामीण विद्युतीकरण निगम लिमिटेड (RECL)
- ऑयल इंडिया लिमिटेड (OIL)
- हिन्दुस्तान एयरोनॉटिक्स लिमिटेड (HAL)

⇒ **नवरत्न**
- प्रारंभ ⇒ 1997
- 100 में 60 अंक प्राप्त करना अनिवार्य
- अंक प्राप्ति के छ: मानक
  - → प्रति शेयर अर्जन
  - → अंतर्क्षेत्रक प्रदर्शन
  - → परिसंपत्ति की तुलना में विशुद्ध लाभ
  - → उत्पादन व सेवा लागत की तुलना में श्रमशक्ति लागत
  - → पूंजी नियोजन की तुलना में मूल्य ह्रास से पूर्व लाभ, ब्याज व कर
  - → टर्नओवर की तुलना में मूल्य ह्रास से पूर्व लाभ, ब्याज व कर
- वर्तमान में संख्या (मई, 2025) ⇒ 26

⇒ **औद्योगिक उत्पादन सूचकांक (IIP)**
- इसका आकलन मासिक आधार पर राष्ट्रीय सांख्यिकी कार्यालय (NSO)
- आधार वर्ष ⇒ 2011-12

⇒ **प्रमुख क्षेत्रों के भारांश** → विनिर्माण ⇒ 77.6% → खनन ⇒ 14.4% → विद्युत ⇒ 8%

⇒ **कोर उद्योग (आठ)**
- → कुल भार का 40.27%
- → विद्युत ⇒ भार (19.92%)
- इस्पात ⇒ भार (17.92%)
- रिफाइनरी उत्पाद ⇒ भार (28.04%)
- कच्चा तेल ⇒ भार (6.88%)
- कोयला ⇒ भार (10.33%)
- सीमेंट ⇒ भार (5.37%)
- प्राकृतिक गैस ⇒ भार (8.98%)
- उर्वरक ⇒ भार (2.63%)

⇒ **निर्यात प्रसंस्करण क्षेत्र (EPZ)**
- एशिया का पहला निर्यात प्रसंस्करण क्षेत्र = 1965 कांडला (गुजरात)
- उद्देश्य ⇒ देश से निर्यातित वस्तुओं के उपयुक्त वातावरण उपलब्ध कराना

⇒ **विशेष आर्थिक क्षेत्र (SEZ)**
- 1 अप्रैल, 2000 से EPZ को SEZ में रूपांतरित
- SEZ अधिनियम 2005 में पारित

⇒ निजीकृत की गई सार्वजनिक क्षेत्र की कंपनियां

सार्वजनिक कम्पनी	निजी क्षेत्र की जिस कम्पनी को बेचा गया
• मॉडर्न फूड इण्डस्ट्रीज	हिन्दुस्तान लीवर लिमिटेड
• बाल्को (BALCO)	स्टारलाइट इण्डस्ट्रीज
• विदेश संचार निगम लिमिटेड	टाटा समूह की पैनाटोन फिनवेस्ट

एम.एस.एम.ई. संशोधित वर्गीकरण/परिभाषा (बजट 2025-26)

उद्यम	निवेश (करोड़ रुपया में)		टर्न ओवर (करोड़ रुपया में)	
सूक्ष्म उद्यम	1(वर्तमान)	2.5(संशोधित)	5(वर्तमान)	10(संशोधित)
लघु उद्यम	10(वर्तमान)	25(संशोधित)	50(वर्तमान)	100(संशोधित)
मध्यम उद्यम	50(वर्तमान)	125(संशोधित)	250(वर्तमान)	500(संशोधित)

लघु व कुटीर उद्योग से सम्बन्धित संस्थाएँ

संस्थान	स्थापना वर्ष	संस्थान	स्थापना वर्ष
कुटीर उद्योग बोर्ड	1948	लघु उद्योग विकास संगठन	1954
केन्द्रीय सिल्क बोर्ड	1949	खादी एवं ग्राम उद्योग आयोग	1956
अखिल भारतीय हथकरघा बोर्ड	1950	केन्द्रीय विक्रय संगठन	1958
अखिल भारतीय हस्तकला बोर्ड	1953	क्षेत्रीय ग्रामीण विकास बैंक	1975
अखिल भारतीय खादी एवं ग्रामोद्योग बोर्ड	1954	जिला उद्योग केन्द्र	1978
लघु उद्योग बोर्ड	1954	भारतीय लघु उद्योग विकास बैंक (सिडबी)	1990

प्रमुख निर्यात विकास केन्द्र

केन्द्र	उद्योग	केन्द्र	उद्योग
कांचीपुरम	रेशम	पणजी (गोवा)	रबर उद्योग
सेलम	हस्त उपकरण	पानीपत	हथकरघा
शिवकाशी	माचिस	भोपाल	कीटनाशक उद्योग
अम्बाला	वैज्ञानिक उपकरण	अलेप्पी	नारियल के रेशे और इससे निर्मित सामान
जामनगर	पार्ट्स, पेट्रो केमिकल्स	जालन्धर	खेल का सामान
राजकोट	इंजन पम्प	मोन	लकड़ी वास्तु (नागालैण्ड)
वापी	रसायन (अंकलेश्वर)	नलबाड़ी	बाँस पर आधारित वास्तु (असोम)
बरेली	जरी	पिंजौर	मशीन औजार
भागलपुर	बुनाई	नागपुर	हस्त उपकरण
तिरुपुर	हौजरी एवं बुनाई उद्योग	विशाखापत्तनम्	मछली उत्पाद
मुरादाबाद	ब्रासवेयर हैण्डीक्राफ्ट, धातुपत्र	मेरठ	खेल का सामान
सहारनपुर	काष्ठ नक्काशी	अलीगढ़	पीतल के ताले
लुधियाना	भारी मशीनरी तथा हौजरी	आगरा	चमड़ा फुटवियर, पर्यटन
सूरत	रत्न और आभूषण	खुर्जा	मिट्टी के बर्तन

⇒ राष्ट्रीय निवेश और अवसंरचना कोष (NIIF)

- स्थापना ⇒ 2015 (40 करोड़ के साथ)
- केन्द्र सरकार 50% तथा निजी क्षेत्र 50% योगदान
- अवसंरचना परियोजनाओं के कार्य को त्वरित करने हेतु

⇒ राष्ट्रीय उत्पादकता परिषद (NPC)

- स्थापना ⇒ 1958
- उद्योगों की उत्पादकता में वृद्धि करना

- राष्ट्रीय इस्पात नीति ⇒ 2017
- सूक्ष्म, लघु एवं मध्यम उद्यम विकास अधिनियम, 2006 में पारित

औद्योगिक क्षेत्र से संबंधित योजनाएँ

⇒ साथी (SAATHI) योजना

- प्रारंभ ⇒ अक्टूबर 2017
- उद्देश्य ⇒ पावरलूम क्षेत्र में ऊर्जा-कुशल कपड़ा प्रौद्योगिकी को अपनाना और उसे गति देना

⇒ मेक इन इंडिया

- प्रारंभ ⇒ 25 सितम्बर, 2014
- भारत में निवेश व विनिर्माण को बढ़ावा

⇒ स्टैंड-अप योजना

- प्रारंभ ⇒ अप्रैल, 2016
- उद्देश्य ⇒ SC/ST महिला उद्यमियों में उद्यमशीलता को बढ़ावा देना

⇒ स्टार्ट अप इंडिया

- प्रारंभ ⇒ जनवरी 2016
- उद्देश्य ⇒ नई उद्यमों को बढ़ावा देना

⇒ प्रधानमंत्री मुद्रा योजना

- प्रारंभ ⇒ 8 अप्रैल, 2015
- उद्देश्य ⇒ सूक्ष्म वित्त संस्थानों का पुनर्वित्तीयन

⇒ पावर टैक्स इंडिया योजना

- प्रारंभ ⇒ अप्रैल, 2017
- उद्देश्य ⇒ विद्युत के क्षेत्र के विकास हेतु

15 अन्य प्रमुख योजनाएँ

⇒ पी.एम. विद्यालक्ष्मी योजना
- प्रारंभ ⇒ नवम्बर, 2024
- उद्देश्य ⇒ समाज के आर्थिक रूप से कमजोर वर्गों के छात्रों के लिए वित्तीय सहायता

⇒ बीमा सखी योजना
- प्रारंभ ⇒ दिसम्बर, 2024
- उद्देश्य ⇒ महिलाओं हेतु अनुदान आधारित कार्यक्रम जिसके तहत महिलाओं के लिए विशेष प्रशिक्षण एवं वित्तीय सहायता

⇒ PM सूर्य घर : मुफ्त बिजली योजना
- प्रारंभ ⇒ फरवरी, 2024
- उद्देश्य ⇒ एक करोड़ परिवारों को (रूफटॉप सोलर पैनल के माध्यम) मुफ्त विद्युत ऊर्जा योजना

⇒ प्रधानमंत्री PVTG विकास मिशन
- प्रारंभ ⇒ नवम्बर, 2023
- उद्देश्य ⇒ विशेष रूप से कमजोर जनजातीय समूह (PVTG) की सामाजिक आर्थिक स्थितियों में सुधार

⇒ PM प्रणाम (PRANAM) योजना
- प्रारंभ ⇒ जून 2023
- पूर्णरूप ⇒ कृषि प्रबंधन हेतु वैकल्पिक पोषण तत्वों का संवर्धन
- उद्देश्य ⇒ जैव और अजैविक उर्वरकों के संयोजन के साथ उर्वरकों के संतुलित उपयोग को प्रोत्साहन

⇒ PM आदि आदर्श ग्राम योजना
- प्रारंभ ⇒ वर्ष 2022
- उद्देश्य ⇒ जनजातीय गाँवों का सर्वांगीण विकास

⇒ श्रेष्ठ (SHRESHTA) योजना
- प्रारंभ ⇒ 2022
- पूर्णरूप ⇒ स्कीम फॉर रेजिडेंशल एजुकेशन फॉर स्टूडेंट्स इन हाई स्कूल्स इन टारगेटेड एरियाज
- उद्देश्य ⇒ SC समुदाय के मेधावी छात्रों को कक्षा 9वीं से 12वीं तक उच्च गुणवत्ता वाली मुफ्त आवासीय शिक्षा

⇒ अग्निपथ योजना
- प्रारंभ ⇒ वर्ष 2022
- उद्देश्य ⇒ युवाओं को 4 वर्ष की अवधि हेतु सशस्त्र बलों में सेवा करने की अनुमति

⇒ स्माइल (SMILE)
- प्रारंभ ⇒ फरवरी, 2022
- पूर्ण रूप ⇒ आजीविका व उद्यम के लिए सीमांत व्यक्तियों हेतु समर्थन
- उद्देश्य ⇒ समावेशी समाज बनाना
  ⇓
  ट्रांसजेण्डर, भीख मांगने के काम में शामिल आदि गरिमा और सम्मान का जीवन)

⇒ प्रधानमंत्री पोषण शक्ति निर्माण योजना
- प्रारंभ ⇒ सितम्बर, 2021 (मिड-डे-मिल योजना का नाम परिवर्तन)
- उद्देश्य ⇒ सरकारी और सहायता प्राप्त स्कूलों में पढ़ने वाले बच्चों को एक बार पका हुआ भोजन उपलब्ध कराना

⇒ प्रधानमंत्री गतिशक्ति योजना
- प्रारंभ ⇒ 2021
- उद्देश्य ⇒ आधारभूत ढाँचे का विकास करना और आर्थिक विकास को बढ़ावा देना

⇒ स्वामित्व योजना
- प्रारंभ ⇒ 2020-21
- उद्देश्य ⇒ ग्रामीण भारत के लिए एक एकीकृत आवासीय सम्पति स्वामित्व समाधान प्रदान करना

⇒ एक देश एक राशन कार्ड योजना
- प्रारंभ ⇒ अगस्त, 2019
- उद्देश्य ⇒ राशनकार्ड धारक को देश के किसी भी हिस्से की सरकारी राशन दुकान से कम कीमत पर अनाज उपलब्ध कराना

⇒ पी. एम. कुसुम योजना
- प्रारंभ ⇒ वर्ष 2019
- पूर्णरूप ⇒ पी. एम. किसान ऊर्जा सुरक्षा एवं उत्थान महाभियान
- उद्देश्य ⇒ किसानों के लिए ऊर्जा सुरक्षित किसानों को सोलर पम्प लगाने हेतु प्रोत्साहन

⇒ जल जीवन मिशन
- प्रारंभ ⇒ 2019
- उद्देश्य ⇒ 2024 तक नागरिकों को शुद्ध और पेय योग्य जल उपलब्ध कराना

⇒ सुरक्षित मातृत्व आश्वासन (सुमन) योजना
- प्रारंभ ⇒ अक्टूबर, 2019
- उद्देश्य ⇒ मातृत्व, मृत्युदर एवं शिशु मृत्युदर में कमी लाना

⇒ अटल नव प्रवर्तन (इनोवेशन) मिशन
- प्रारंभ ⇒ 2016
- उद्देश्य ⇒ विद्यालयों में अटल टिंकरिंग प्रयोगशालाओं और इन्क्यूबेशन केन्द्रों के माध्यम से नवप्रवर्तन को बढ़ावा

⇒ उड़ान योजना (उड़े देश के आम नागरिक)
- प्रारंभ ⇒ 2016
- उद्देश्य ⇒ देश के महत्वपूर्ण शहरों से हवाई यात्रा सुलभ कराना

⇒ सेतु भारतम योजना
- प्रारंभ ⇒ 2016
- उद्देश्य ⇒ राजमार्गों पर सुरक्षित और सहज यात्रा सुनिश्चित करने हेतु पुलों का निर्माण

⇒ प्रधानमंत्री जीवन ज्योति बीमा योजना
- प्रारंभ ⇒ 2015
- उद्देश्य ⇒ सभी को जीवन बीमा की सुविधा प्रदान करना, आकस्मिक मृत्यु के बाद परिवार को सहायता

⇒ सुकन्या समृद्धि योजना
- प्रारंभ ⇒ 22 जनवरी, 2015
- उद्देश्य ⇒ बालिकाओं के प्रति परिवार के दृष्टिकोण में परिवर्तन व उसके नाम से बचत को प्रोत्साहन

⇒ प्रधानमंत्री कौशल विकास योजना
- प्रारंभ ⇒ जुलाई, 2015
- उद्देश्य ⇒ युवाओं को कौशल प्रशिक्षण प्रदान करना

⇒ उस्ताद योजना
- प्रारंभ ⇒ 2015
- उद्देश्य ⇒ बुनकरों, हस्तशिल्पियों और पारंपरिक कलाकारों की प्रतिभा को सही पहचान दिलाना

16 अन्तर्राष्ट्रीय वित्तीय संस्थान

⇒ अंतर्राष्ट्रीय मुद्रा कोष (IMF)

ब्रेटन वुड्स का जुड़वा संस्थान → IMF, World Bank

- स्थापना ⇒ 1945
- मुख्यालय ⇒ वाशिंगटन डी.सी.
- सदस्य देश ⇒ 191 (191वां लिकटेंस्टीन)
- उद्देश्य ⇒ अंतर्राष्ट्रीय मौद्रिक सहयोग प्रतिकुल भुगतान संतुलन को ठीक करना सदस्य देशों को अल्पकालीन ऋण सहायता
- भारत सदस्य बना ⇒ 27 दिसम्बर, 1945

विशेष आहरण अधिकार Special Drawing Rights → कागजी स्वर्ण

विशेष आहरण अधिकार Special Drawing Rights → मूल्य का निर्धारण पांच मुद्रा पर आधारित →
- अमेरिकी डॉलर
- यूरो
- जापानी येन
- पाउण्ड स्टर्लिंग
- चीनी रैनमिनबी

⇒ विश्व बैंक (WB)

- स्थापना ⇒ 1945
- मुख्यालय ⇒ वाशिंगटन डीसी
- सदस्य ⇒ 189
- उद्देश्य ⇒ आर्थिक पुनर्निर्माण एव विकास हेतु दीर्घकालीन ऋण उपलब्ध कराना

⇒ विश्व बैंक समूह की पांच संस्थाएं
- अंतर्राष्ट्रीय विकास संघ (IDA)
- अंतर्राष्ट्रीय वित्त निगम (IFC)
- अंतर्राष्ट्रीय विकास एवं पुनर्निर्माण (IBRD)
- बहुपक्षीय निवेश गारंटी संस्था (MIGA)
- निवेश विवादों को सुलझाने के लिए अंतर्राष्ट्रीय केन्द्र (ICSID)

⇒ विश्व व्यापार संगठन (WTO)

- स्थापना ⇒ 1 जनवरी, 1995 (GATT के स्थान पर)
- मुख्यालय ⇒ जेनेवा
- सदस्य देश ⇒ 166 (166 वां तिमोर लेस्ते)
- उद्देश्य ⇒ विश्व व्यापार का नियमन व बढ़ावा

GATT → स्थापना ⇓ 1 जनवरी, 1948

GATT → प्रशुल्क एवं व्यापार पर सामान्य समझौता

⇒ एशियाई विकास बैंक (ADB)

- स्थापना ⇒ 1966
- मुख्यालय ⇒ मनीला (फिलीपीन्स)
- सदस्य देश ⇒ 69 (भारत संस्थापक देश)
- उद्देश्य ⇒ एक समृद्ध, समावेशी, लचीले और टिकाऊ एशिया और प्रशांत क्षेत्र की कल्पना

⇒ विश्व आर्थिक मंच (WEF)

- स्थापना ⇒ जनवरी 1971 (क्लाउस श्वाब द्वारा)
- मुख्यालय ⇒ जेनेवा
- उद्देश्य ⇒ वैश्विक, क्षेत्रीय व औद्योगिक एजेंडों को आकार देना, विचार विमर्श का एक मंच
- प्रत्येक वर्ष बैठक ⇒ दावोस में (जनवरी माह में)

⇒ ब्रिक्स (BRICS)

- स्थापना ⇒ वर्ष 2009
- वर्तमान में सदस्य ⇒ 11 (11वां इंडोनेशिया)
- ब्रिक्स का पहला सम्मेलन 2009 में
  ⇓
  रूस के येकातेरिनबर्ग में

17वीं BRICS (6-7 जुलाई 2025)
रियो डी जेनेरियो (ब्राजील)

- दक्षिण अफ्रीका 2010 में शामिल
- 1 जनवरी, 2024 में पांच नये सदस्य देश

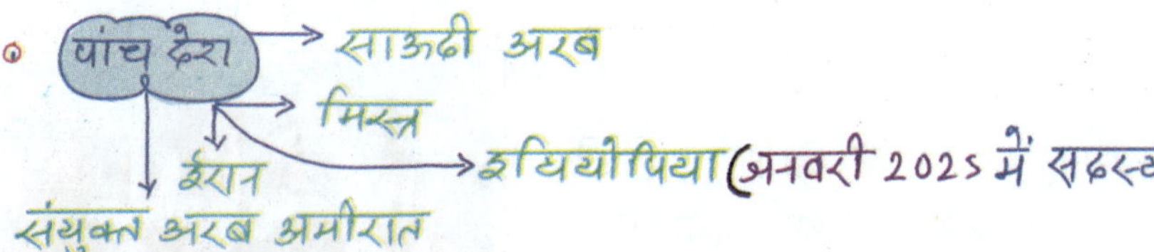

- पांच देश → साऊदी अरब
  → मिस्त्र
  → इथियोपिया (जनवरी 2025 में सदस्य)
  → ईरान
  → संयुक्त अरब अमीरात

ब्रिक शब्द का पहली बार प्रयोग
⇓
वर्ष 2001 में गोल्डमैन सैश के जिम ओनील द्वारा

⇒ ब्रिक्स बैंक/न्यू डेवलपमेंट बैंक

- ⇒ स्थापना ⇒ 2015
- ⇒ मुख्यालय ⇒ शंघाई (चीन)
- ⇒ उद्देश्य ⇒ उभरते बाजारों और विकासशील देशों में बुनियादी ढांचे और सतत् विकास परियोजनाओं हेतु संसाधन जुटाना।

⇒ आसियान (ASEAN)

- स्थापना ⇒ 8 अगस्त, 1967
- मुख्यालय ⇒ जकार्ता (इंडोनेशिया)
- सदस्य देश ⇒ 10 (इंडोनेशिया, फिलिपीन्स, मलेशिया, सिंगापुर, थाईलैंड, कम्बोडिया, वियतनाम, म्यांमार, ब्रुनेई, लाओस)
- पूर्णरूप ⇒ दक्षिण-पूर्वी एशियाई राष्ट्रों का संघ

⇒ दक्षेस (SAARC)

- पूर्ण रूप ⇒ दक्षिण एशियाई क्षेत्रीय सहयोग संगठन
- मुख्यालय ⇒ काठमाण्डू (नेपाल)
- सदस्य 8 ⇒ भारत, पाकिस्तान, बांग्लादेश, नेपाल, भूटान, श्रीलंका, मालदीव, अफगानिस्तान

⇒ बिम्सटेक (BIMSTEC)

- स्थापना ⇒ 1997
- पूर्णरूप ⇒ बंगाल की खाड़ी बहु-क्षेत्रीय तकनीकी और और आर्थिक सहयोग उपक्रम
- सदस्य ⇒ 7 (बांग्लादेश, भारत, श्रीलंका, थाइलैंड, नेपाल म्यांमार और भूटान)

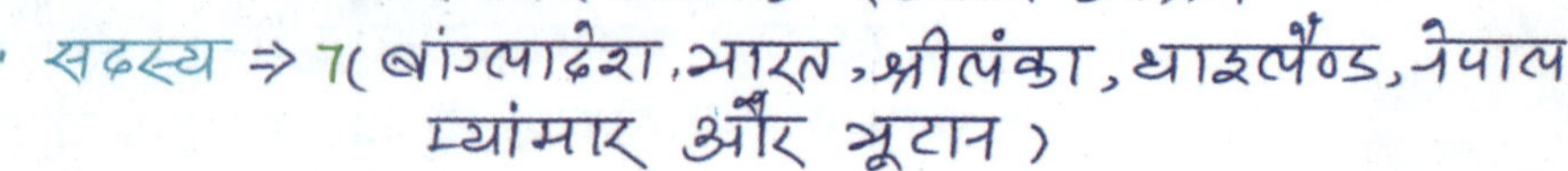

⇒ संयुक्त राष्ट्र व्यापार एवं विकास सम्मेलन

- स्थापना ⇒ 1964
- मुख्यालय ⇒ जेनेवा, सदस्य – 195

⇒ G-20

- स्थापना ⇒ 1999 (बर्लिन में)
- सदस्य देश ⇒ 19 देश + यूरोपीय संघ + अफ्रीकी संघ
- विश्व के औद्योगिक एवं विकासशील देशों का संगठन

⇒ G-7

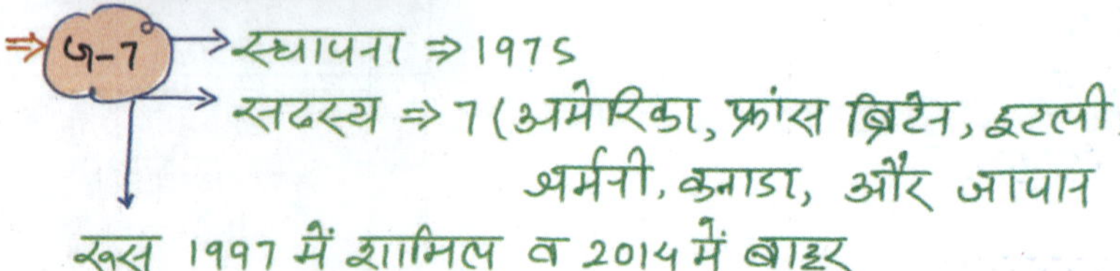

→ स्थापना ⇒ 1975
→ सदस्य ⇒ 7 (अमेरिका, फ्रांस ब्रिटेन, इटली, जर्मनी, कनाडा, और जापान
→ रूस 1997 में शामिल व 2014 में बाहर

⇒ यूरोपीय संघ (EU)

- स्थापना ⇒ 1957 (यूरोपीय आर्थिक समुदाय का परिवर्तित रूप
- 1995 में यूरोपीय संघ के रूप में परिवर्तित
- सदस्य ⇒ 27 (इंग्लैंड 2020 में बाहर)
- मुख्यालय ⇒ ब्रुसेल्स (बेल्जियम)
- साझी मुद्रा यूरो
- यूरो मुद्रा अपनाने वाले देश = 20

⇒ एपेक (APEC)

- एशिया प्रशांत आर्थिक सहयोग
- स्थापना ⇒ 1989
- सदस्य ⇒ 21
- मुख्यालय ⇒ सिंगापुर

⇒ ओपेक (OPEC)

- पेट्रोलियम निर्यातक देशों का संगठन
- स्थापना ⇒ 1960 (बगदाद)
- मुख्यालय ⇒ वियना (ऑस्ट्रिया)
- सदस्य देश ⇒ 13
- उद्देश्य ⇒ सदस्य देशों की पेट्रोलियम नीतियों का समन्वय करना

⇒ एशियन इंफ्रास्ट्रक्चर इंवेस्टमेंट बैंक (AIIB)

- स्थापना ⇒ वर्ष 2015
- कार्य प्रारंभ ⇒ 2016
- मुख्यालय ⇒ बीजिंग
- सदस्य ⇒ 110 देश

⇒ नाफ्टा (NAFTA)

→ स्थापना ⇒ 1944
→ उत्तर अमेरिकी मुक्त व्यापार समझौता
→ सदस्य देश ⇒ यूएसए, कनाडा, मैक्सिको

17 जनगणना

⇒ भारत में जनगणना का इतिहास

- प्रथम बार जनगणना - 1872 (लॉर्ड मेयो द्वारा)
- क्रमबद्ध जनगणना की शुरुआत - 1881 (लॉर्ड रिपन)
- भारत में अबतक 15 बार जनगणना हो चुकी है।

  ⇓

  2011 की जनगणना स्वतंत्र भारत की 7वीं जनगणना है।
- स्वतंत्रता के पश्चात पहली जनगणना - 1951 में

विश्व में जनगणना

→ सर्वप्रथम

⇓

स्वीडन 1749

आधुनिक पद्धति

→ सर्वप्रथम दशकीय

⇓

अमेरिका (1890)

⇒ जनगणना प्रशासनिक

- विषय ⇒ संघ सूची (7वीं अनुसूची में वर्णित)
- संविधान के अनुच्छेद ⇒ 246 में वर्णित
- जनगणना विभाग का गठन ⇒ 1961 (गृह मंत्रालय के अधीन)
- केन्द्रीय स्तर पर शीर्ष अधिकारी

  ⇓

  महारजिस्ट्रार एवं जनगणना आयुक्त

माल्थसियन सिद्धांत

⇓

जनसंख्या

⇒ जनगणना - 2011

- महारजिस्ट्रार एवं जनगणना आयुक्त

  ⇓

  डॉ. सी. चन्द्रमौलि
- गृह सचिव ⇒ जी. के. पिल्लै
- ध्येय ⇒ "हमारी जनगणना, हमारा भविष्य"
- राज्य/केन्द्रशासित प्रदेश ⇒ 35
- कुल जिले ⇒ 640

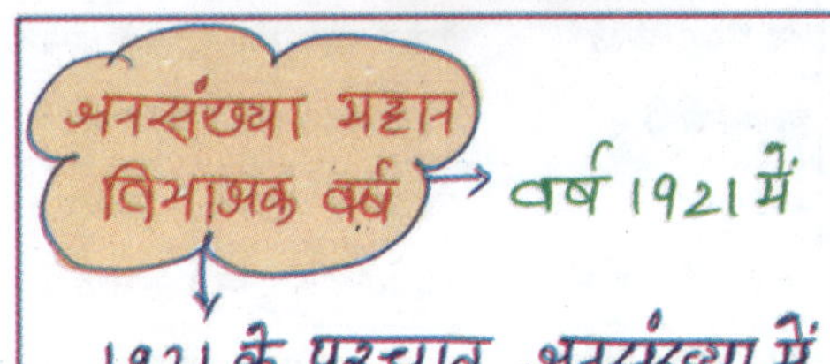

⇒ जनगणना 2011 के महत्वपूर्ण आंकड़े

- जनसंख्या ⇒ 1210854977 (121.08 करोड़)
- 0-6 वर्ष आयु की जनसंख्या ⇒ 164478150 (13.60%)
- नगरीय प्रतिशत ⇒ 31.10%
- दशकीय वृद्धि दर ⇒ 17.7%
- वार्षिक वृद्धि दर ⇒ 1.64%
- लिंगानुपात ⇒ 943
- साक्षरता दर ⇒ 73% (M⇒80.9%, F⇒64.6%)
- जनघनत्व ⇒ 382

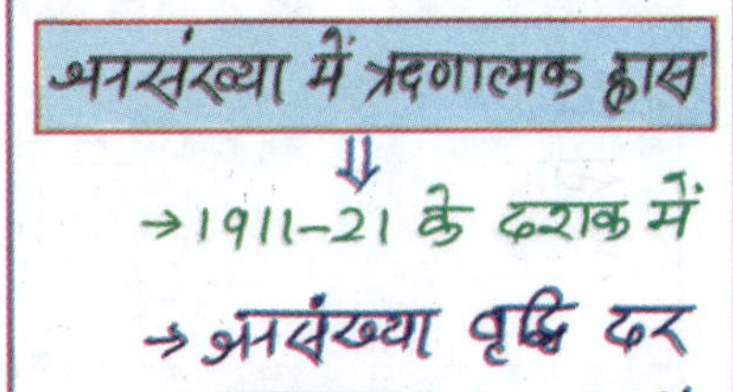

18 प्रमुख समितियाँ

समिति/आयोग

समिति/आयोग	गठन का उद्देश्य
अभिजीत सेन समिति-I	कृषिगत वस्तुओं के वायदा कारोबार से सम्बन्धित
एम जी जोशी समिति	दूरसंचार में निजी क्षेत्र के प्रवेश के सम्बन्ध में
एस एन खान समिति	बैंकों तथा वित्तीय संस्थाओं के सम्बन्ध में
राजा चेलैया समिति	कर-सुधार पर सलाह देने हेतु
महालनोबिस समिति	राष्ट्रीय आय की जाँच
चक्रवर्ती समिति-II	बैंकिंग सुधार
रंगराजन समिति-III	निजी क्षेत्र में सुधार के लिए सुझाव हेतु
डॉ. सी. रंगराजन समिति	सार्वजनिक व्यय के प्रबन्धन में सुधार
डी. सुब्बाराव समिति	मौद्रिक नीति पर सलाह
दीपक पारेख समिति	आधारभूत संरचना के वित्त से जुड़े मामले
वंचू समिति	प्रत्यक्ष कर के सम्बन्ध में सुझाव हेतु
सरकारिया आयोग	केन्द्र-राज्य सम्बन्धों पर सलाह देने हेतु
विमल जालान समिति	मॉर्केट इन्स्टीट्यूशनल इन्फ्रास्ट्रक्चर हेतु
मालेगाँव समिति-I	प्राथमिक पूँजी बाजार के सम्बन्ध में
गोइपोरिया समिति	बैंकों में ग्राहक सेवा सुधार के सम्बन्ध में
चेलैया समिति	काले धन की समाप्ति के सम्बन्ध में
वाघुल समिति	म्यूचुअल फण्ड स्कीम के सम्बन्ध में सुझाव हेतु
आबिद हुसैन समिति	लघु उद्योगों में सुधार के सम्बन्ध में
के एन काबरा समिति	फ्यूचर ट्रेडिंग पर सलाह देने के लिए
वी एस व्यास समिति	कृषि एवं ग्रामीण क्षेत्रों में साख का विस्तार
किरीट पारेख समिति	पेट्रोलियम पदार्थों के मूल्य निर्धारण
प्रवर सेन गुप्तासमिति	निजी क्षेत्र की कुछ स्वदेशी कम्पनियों को 'रक्षा उद्योग रत्न' दर्जा प्रदान करने के सम्बन्ध में
रंगराजन समिति	भारतीय अर्थव्यवस्था के लिए बचत और निवेश का आकलन करने और इसमें सुधार के उपाय सुझाने हेतु
अर्जुन सेन गुप्ता समिति	असंगठित क्षेत्र के उपक्रमों के हितों एवं उसके विकास के सम्बन्ध में नीतियों का निर्धारण
विजय केलकर समिति-III	एफ आर बी एम एक्ट के अनुसार अर्थव्यवस्था की समीक्षा
सी बी भावे समिति	बैंक कम्पनियों द्वारा सूचना प्रदान करने के सम्बन्ध में
भण्डारी समिति	क्षेत्रीय ग्रामीण बैंकों की पुनर्संरचना के सम्बन्ध में सुझाव देने हेतु
एस एस तारापोर समिति	रुपये के पूँजी खाते में परिवर्तनशीलता के सम्बन्ध में सुझाव देने हेतु

समिति/आयोग	गठन का उद्देश्य
आर वी गुप्ता समिति	कृषि साख के सम्बन्ध में सुझाव देने हेतु
रघुराजन समिति	वित्तीय क्षेत्रों में सुधार हेतु
रेखी समिति	अप्रत्यक्ष कर के सम्बन्ध में सुझाव हेतु
हजारी समिति	औद्योगिक नीति पर विचार हेतु
भगवती समिति	बेरोजगारी की जाँच
चक्रवर्ती समिति	मौद्रिक पद्धति की समीक्षा
नरसिंहम समिति	बैंकिंग सुधार
तेन्दुलकर समिति	गरीबी रेखा से जुड़े फॉर्मूले का निर्धारण
सुखमय चक्रवर्ती समिति	मौद्रिक प्रणाली पर पुनर्विचार हेतु
बी के चतुर्वेदी समिति	तेल कम्पनियों के वित्तीय हालात की समीक्षा हेतु
पीसी अलेक्जेण्डर समिति	आयात-निर्यात के उदारीकरण
गोस्वामी समिति	औद्योगिक रुग्णता के सम्बन्ध में
जी वी रामकृष्णा समिति	सार्वजनिक क्षेत्र के उपक्रमों का विनिवेश
एल के झा समिति	अप्रत्यक्ष कर प्रणाली में सुधार के सम्बन्ध में
रंगराजन समिति	भुगतान सन्तुलन
केलकर समिति-II	प्रत्यक्ष एवं अप्रत्यक्ष करारोपण के सम्बन्ध में
सोधानी समिति	विदेशी मुद्रा बाजार में सुधार सम्बन्धी सुझाव
मल्होत्रा समिति	बीमा क्षेत्र में सुधार के सम्बन्ध में सुझाव
सुशील कुमार समिति	भारत में बीटी कपास की खेती की समीक्षा
स्वामीनाथन समिति	समुद्रतटीय संसाधनों का पर्यावरणीय दृष्टिकोण से दीर्घकालीन उपयोग सुनिश्चित करने के सम्बन्ध में
राकेश मोहन समिति	आधारभूत संरचना के वितीयन के सम्बन्ध में सुझाव हेतु वित्तीय क्षेत्र में कर निर्धारण हेतु
एम सी जोशी समिति	काले धन से सम्बन्धित सभी आयामों के मूल्यांकन हेतु
रंगराजन समिति-II	पेट्रोलियम उत्पादों पर प्रशुल्क संरचना के सम्बन्ध में सिफारिश के लिए
प्रो. सीपी चन्द्रशेखर समिति	सेवा मूल्य सूचकांक के निर्माण के लिए
नन्दन निलेकणी कार्यदल	विशिष्ट पहचान नम्बर (UID) के आवण्टन के सम्बन्ध में सुझाव हेतु
डॉ. मेहता समिति	समन्वित ग्रामीण विकास कार्यक्रम (IRDP) के कार्यों की समीक्षा
अरुण जेटली	सार्वजनिक क्षेत्र के बैंकों का विलय
नन्दन नीलेकण	डिजिटल भुगतान को मजबूत करने के लिए